▶零基础学
短视频直播
营销与运营 实战案例版

魏艳 编著

化学工业出版社

·北京·

本书围绕网络主播和网络直播而展开。第1～3章，站在国家、社会和平台方的角度，宏观地阐述了网络直播的意义、前景和优势；第4～8章，从微观方面入手，详细介绍了网络直播的功能、赢利方式、直播账号申请和构建、吸粉技巧、直播间的布置、灯光、镜头调配等技巧，以及主播该如何提升自我个人形象等，总之就是手把手教读者如何做一名合格的网络主播，从最基础的学起，从做好每一个细节做起；第9、10章重点分析了网络直播的主体优势和行业优势，以指导读者更好地了解网络直播在不同群体、不同行业中的发展态势、特点和前景。

本书特色在于图+文的呈现方式，既有真实案例，又有严谨推导。相信本书对已从事网络直播的播主、计划从事网络直播的新人、网络直播平台运营者、电商直播平台从业者都有实用性、可操作性的指导意义。

图书在版编目（CIP）数据

零基础学短视频直播营销与运营：实战案例版／魏艳编著．
—北京：化学工业出版社，2019.3（2020.11重印）
ISBN 978-7-122-33069-7

Ⅰ．①零… Ⅱ．①魏… Ⅲ．①网络营销 Ⅳ．①F713.365.2

中国版本图书馆CIP数据核字（2018）第217025号

责任编辑：卢萌萌　　　　　　　　　　文字编辑：李　玥
责任校对：边　涛　　　　　　　　　　装帧设计：王晓宇

出版发行：化学工业出版社（北京市东城区青年湖南街13号　邮政编码100011）
印　　装：大厂聚鑫印刷有限责任公司
710mm×1000mm　1/16　印张12　字数210千字　2020年11月北京第1版第5次印刷

购书咨询：010-64518888　　　　　　　售后服务：010-64518899
网　　址：http://www.cip.com.cn
凡购买本书，如有缺损质量问题，本社销售中心负责调换。

定　　价：58.00元　　　　　　　　　　　　　　　　　版权所有　违者必究

前言
FOREWORD

短视频直播是互联网、移动互联网时代非常重要的一种信息传播形式，是基于视频流媒体而产生的一种传播形态。这种形态2015年在国外就已经大范围兴起，尤其是以Meerkat、Periscope为代表的直播平台备受大众喜爱。随着我国网络、硬件设备、流量资费等各方面条件的成熟，国内短视频直播市场也逐步发展起来。

2017年，短视频直播进入了一个爆发期，无论是平台新增量、用户增长速度，还是资本活跃度都创了新高，这也预示着该行业已经到了一个"风口"。历史上每一个"风口"都会给当时的个人、社会及经济带来巨大的变化，短视频直播的出现同样如此。首先带来的是经济风向、商业模式的转变，这几年（2015年以来）网络经济已经成了新经济形态的主要构成部分，并赋予了经济一个新特征——泛娱乐化。

现在很多人玩着直播还能赚钱，这就是泛娱乐化与商业高度融合的结果。在传统经济形态下这是无法想象的，而在泛娱乐化的商业社会则完全可以实现。综观当前的直播内容，基本上以游戏、秀场、户外探险等为主，可以说，几乎每项内容都具有极强的娱乐性。事实上正是这些带有高度娱乐性的内容引发了新一轮的经济发展浪潮，越来越多的人开始思考如何利用这种直播淘金。在此背景下，一个新的职业应运而生——网络主播。

网络主播是一个特殊的群体，是因短视频直播快速发展而产生的一个新兴职业，如歌手主播、游戏主播、说唱主播，及专门为各大企业、电商卖货的专业主播。随着直播平台数量的不断增加，直播平台的进一步规范，主播需求量也越来越多，这无形中也会促使网络主播人才空缺。因而，网络主播也成为时下年轻人最热捧的一个职业。

然而，任何一个职业的发展在经历高潮之后都会回落，陷入一个瓶颈期。网络主播这一行业在走过最初的野蛮发展期后，很多弊端也逐渐暴露出来。再加上直播市场这几年的无序发展，坐享其成地获取红利已经不太可能，想取得好成绩并没有想象的那么容易了。因此，对于正在直播领域奋斗的主播，或者即将进入直播行业的新人来讲，要脱颖而出就需要付出更多，不断学习，不断充实自己，靠实力、努力和勤奋取胜。

本书围绕网络主播的职业素养提升、职业技能提高而展开。第1～3章站在国家、社会和平台方的角度，宏观地阐述了网络直播的意义、前景和优势；第4～8章从微观方面入手，详细介绍了网络直播的功能、赢利方式、直播账号申请和构建、吸粉技巧、直播间的布置、灯光和镜头的调配，以及如何提升自我形象等。宗旨就是手把手教读者做一名合格的网络主播人员；第9、10章重点分析了网络直播的人群优势和行业优势，以指导读者更好地把握网络直播在不同群体、不同行业中的发展态势、特点和前景。

本书特色在于图+文的呈现方式，既有真实案例，又有严谨推导，可读性强，针对群体广。相信本书对已从事网络直播的主播、计划从事主播的新人、平台运营人员、电商直播从业者都有很好的指导意义。

本书是团队合作的成果，在成书过程中受到苗小刚、魏丽、苗李敏、李伟、丁雨萌等人的大力支持，在此一并表示感谢。若有不完善、疏漏之处，请读者及时向我们反馈。

编著者

2018年10月

目录 Contents

第 1 章 直播——开启媒体三次元时代

1.1 下一个信息传播爆发口 · / 002
1.2 开启了媒体三次元时代 · / 005
1.3 我国直播行业的发展历程 · / 006
1.4 网络直播特征和发展趋势 · / 009
1.5 网络直播背后折射的经济效应 · / 011

第 2 章 前景——自媒体时代的一股洪流

2.1 网络直播催生一批网红 · / 015
2.2 电商率先利用直播卖货 · / 017
2.3 传统企业也玩起了直播 · / 019
2.4 国家对网络直播平台、直播人员的新规定 · / 023

第 3 章
优势——
网络直播为什么如此受欢迎

027

3.1 真实性：现场直播＝事实真相·/ 028

3.2 传播性：更有利于信息扩散·/ 029

3.3 社交性：融互动、有趣于一体·/ 032

3.4 平台性：容易形成特定的圈子·/ 034

3.5 分享性：可将视频分享到多个平台·/ 036

3.6 时代性：符合年轻网民的情感表达需求·/ 039

第 4 章
功能——
利用网络直播可以做什么

044

4.1 才艺展示：有才就要大声说出来·/ 045

4.2 自我推广：提高知名度和声誉·/ 047

4.3 知识传播：与粉丝互动强化粉丝黏性·/ 049

4.4 情感交流：尽情地释放自我·/ 052

4.5 直播卖货：协助产品进行推广和销售·/ 053

5.1 开网店：利用粉丝量带动销量·/058
5.2 广告植入：吸引商家投资广告·/059
5.3 广告代言：为企业、品牌做代言·/062
5.4 受聘企业：为企业提供增值服务·/063
5.5 做明星主播：受邀参加商业活动·/065
5.6 打赏：需要规范和引导的消费模式·/067
5.7 网络直播赚钱的4大误区·/070
5.8 网络直播赚钱的困境和制约条件·/071

第5章
赢利——通过网络直播如何赚钱

057

6.1 申请账号：多途径快速登录·/074
6.2 账号管理：构建矩阵账号群·/079
6.3 精心设置：昵称和头像是账号的门面·/083
6.4 精准定位：便于粉丝一眼读懂你·/086
6.5 精选素材：打造高度垂直的直播内容·/090
6.6 需求至上：贴近观看者的痛点需求·/093
6.7 巧妙借势：借热点事件制造话题·/095

第6章
创意——如何打造自己的直播账号

073

第7章
粉丝——获取高流量的关键

099

- 7.1 做最熟悉、最擅长的领域 · / 100
- 7.2 构建主播自身的调性 · / 101
- 7.3 注重内容,注重原创 · / 102
- 7.4 鼓励粉丝参与,延长内容生产线 · / 105
- 7.5 培养特定的受众 · / 107
- 7.6 注意直播的方式 · / 110
- 7.7 精心策划直播主题 · / 113
- 7.8 把控直播推送时间 · / 116
- 7.9 将用户利益放在首位 · / 119
- 7.10 多互动,增强粉丝黏性 · / 121

第8章
技能——主播的自我管理和直播技巧

124

- 8.1 设备的选择 · / 125
- 8.2 主播服饰的搭配 · / 128
- 8.3 直播间背景的设计 · / 130
- 8.4 直播间视觉效果营造 · / 133
- 8.5 直播间光线的调试 · / 135
- 8.6 脸部妆容的化妆技巧 · / 138
- 8.7 镜头角度的调整 · / 144
- 8.8 VR与直播 · / 145

9.1 大学生：新型创业的首选平台 · /150

9.2 都市白领：职业提升和情感升华双丰收 · /151

9.3 年轻女性：网红主播大军中的颜值担当 · /154

9.4 才艺达人：秀出自己，才艺大比拼 · /156

9.5 兴趣爱好者：用共同兴趣吸引粉丝关注 · /157

9.6 电商、微商从业者：利用直播直接卖产品 · /159

第 9 章
主体——最容易成为网红主播的6大群体

149

10.1 传统视频：优化功能，积极转型 · /162

10.2 电商行业：多渠道引流，获取大量粉丝 · /166

10.3 产品型行业：做好内容创意，亮出产品特色 · /168

10.4 快消品行业：搞创意营销，树立品牌形象 · /171

10.5 服务型行业：提高服务质量，增强粉丝黏性 · /175

10.6 销售类行业：打造场景式销售，强化用户体验 · /177

10.7 网站类行业：实现线上线下的客户引流 · /180

第 10 章
行业——各大行业直播营销的典型案例

161

第 1 章

直播——开启媒体三次元时代

随着互联网、移动互联网的发展,智能设备的大量运用,媒体又有了新的形式。这就是短视频直播,在直播元年2016年后的这几年发展态势都十分良好,无论直播平台、主播、用户数量,还是由其带来的经济效益都不断创出新高。因此,直播的出现也被认为在媒体发展史上具有划时代的意义,将使信息传播进入三次元时代。

1.1 下一个信息传播爆发口

在2016年戛纳电影节上，巩俐直播了电影节的现场情况，并说"直播能够让观众用最快的速度了解戛纳现场的情况，我觉得这种形式非常好"；2017年春节档电影《大闹天竺》上映前，王宝强通过斗鱼进行直播，为新作品圈粉；才艺达人不用再发愁没有更多人认识自己，欣赏自己，对着镜头唱一首歌，或跳一段舞都有可能引来无数粉丝；小学生直播学习、大妈直播广场舞、企业家直播产品、艺人直播才艺……，喜欢网上购物的年轻人也不再乱翻网页到手抽筋，完全可以静下来看段直播，因为很多购物平台已经上线了直播购物功能。

可见，直播已经成为一种非常流行的信息传播方式，深受各阶层人群的青睐。据有关数据显示，截至2018年4月我国在线直播平台数量已超过200家，市场规模高达150亿元人民币，覆盖用户达3.97亿人，占网民总数量的55.3%。在这种大环境下，直播成为一种新的信息表达方式已是必然，无论男女老少都加入到了直播大军中来。

直播由于极具娱乐性，适合群体广，再加上即时性这一优势，曝光率常常会很高。一条有创意的视频，在很短的时间内就会呈现出"病毒"式传播。来势汹汹的直播潮流，正在改变着人们的社交方式，从而逐步形成强大的"直播+"。例如，有人用直播来记录生活、分享生活等，如图1-1所示。

图1-1 直播的社交功能

在一些大型直播平台上，高峰时段在线人数突破400万人，直播房间数量超过3000个。诸多现象表明，视频直播正成为信息传播、社交的下一个爆发口：直播已经无处不在，直播平台疯狂崛起。

直播已经成为互联网、移动互联网时代最有发展前景的传播媒介，在不远的将来,势必会取代其他传播媒介成为新媒体的主流,也会有越来越多的人加入到直播行列中来。之所以这么讲源于两方面的分析:一是客观方面,二是主观方面。

(1)客观方面

① 大量直播社区/平台的出现和使用

大量直播社区/平台的出现是直播得以快速发展的基础,正是有了这一基础性的条件,众多主播才涌现出来。

我国的直播业出现"火爆"的发展虽然是在最近的2016年、2017年,但起步很早。早在2005年就已经出现,只不过由于发展缓慢,缺乏一定的用户基础,大部分平台长期处在初级阶段,在之后的十年间陆续涌现出很多直播平台,累计近200余个。2005～2017年我国直播平台增长趋势如图1-2所示。

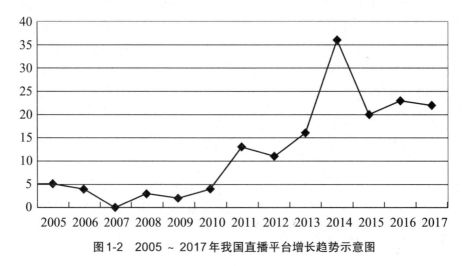

图1-2　2005～2017年我国直播平台增长趋势示意图

② 网络环境的改善,4G技术的普遍运用

2012年以来,我国网络环境基础建设速度非常快,3G/4G很快普及开来,并形成了完善的体系。国内三大运营商相继开始4G网络建设和测试,截至2017年,3G/4G用户占比85%以上,尤其是移动4G的大范围应用,给直播在移动端开展给予了更大的支持,使越来越多的网民可以体验到互联网带来的红利。

4G网络、移动设备的出现大大加快了直播发展的进程,为直播的发展提供了技术保证,使直播效果更加流畅。带宽流量的提升无疑会逐步降低用户使用直播的门槛,加之资费水平的下降,大家对流量问题更是少了后顾之忧。另外,现在Wi-Fi(无线保真)基本普及,Wi-Fi已成了最基础的设施。更快的连接速度、更好的网络环境将会带来直播的快速发展。同时,随着资费的进一步降低，直播成本大幅下降，这都为直播的快速发展提供了必要条件。

③ 智能手机、移动设备的大量应用

智能手机、移动设备的应用是直播发展的另一个重要条件。现如今，很多直播都是通过移动设备来完成的。正是得益于智能设备功能的优化改进，如智能手机、平板电脑像素的提高，CPU、内存等硬件配置的升级，从而给观众带来更好的视觉感受和体验。

④ 各大直播平台不断优化和创新

直播平台的不断创新和优化，目的就是降低用户的直播门槛。例如，美拍提供了MV特效功能，不仅提升了制作视频的趣味性，还可以使本身没有这方面技术的人制作出效果良好的视频。同时，产品的多样性也满足了各种用户的差异化需求，从而激发用户的自传播。

直播平台的出现，使各种直播迅速走红，昔日的门户网站等平台风光不再，一些平台积极寻求变革，争先布局视频直播领域，如腾讯、网易等门户网站类；今日头条、第一头条等资讯类平台；淘宝、小米、360等互联网企业都开通了自己的视频直播频道，抢夺视频直播红利资源。

（2）主观方面

① 人们接受信息的思维、习惯在改变

随着互联网、移动互联网的发展，传播媒体不断更新，人们接受信息的思维和习惯也在不断改变。在互联网普及之前，人们获取信息的渠道大多是通过报纸、电视等传统传播媒介。随着PC互联网的发展，网站、博客、电子书等逐渐取代了传统传播媒介。最近几年，移动互联网迅速崛起，人们又开始转向了智能手机、移动设备，看新闻、看电影只要一部智能手机就够了。

② 人们碎片化时间增多，需求增多

与传统传播媒介相比，直播在表现方式上更有针对性，现在的人们更倾向于精简、省时、高效的生活和社交方式，利用上下班、用餐、临时休息、睡前等碎片化的时间看书、看新闻、听广播等，越短、平、快的信息传播渠道越容易被接受。直播的出现恰好满足了人们的碎片化需求，因此，通过智能设备观看直播已经成为一种潮流。例如有些人很难分秒不落地看完一部长达90分钟、100分钟的电影，于是微电影出现了；有些人对移动智能设备的依赖比较大，于是各大移动版的直播平台应运而生。

直播充分整合了人们的碎片化时间，满足了碎片化的需求，这无疑改变了人们接受外界信息、向外传播信息的思维和习惯。正是主、客观环境的变化，为直播的生存和发展提供了良好的环境，并使这种新的传播方式得以迅速扩张开来。

1.2 开启了媒体三次元时代

我国的媒体发展可以分为三大主要阶段，分别为图文时代、音频时代和直播时代。不同时代传播的内容不同，传播媒介也不同，从而形成了富有时代特征的传播工具，如图1-3所示。

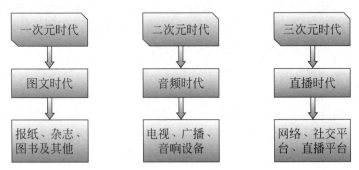

图1-3 不同时代不同的广告媒介

（1）一次元时代

一次元时代以图文为主，主要是指一些网络小说作者。在网络小说发展初期，文字网红火爆网络，如安妮宝贝、痞子蔡、韩寒、郭敬明、桐华等。他们因主宰了网络文学的命脉而影响了最早的一代网民，这是网红的一次元时代。

（2）二次元时代

二次元时代也叫音频时代，以微博为代表，主要表现为逐步由纯文字向声情并茂的音频形式转变。一些网络红人就靠搞怪搏出位，这时期的代表人物有芙蓉姐姐、凤姐等，先后成为"现象级"的网红。

（3）三次元时代

三次元时代就是现在所谓的直播时代，集声音与音像于一体，而且具有即时性，可实现多方、多形式的互动，大大增强了信息传播一方与接受一方的体验性。由于入门较低，上手比较容易，这一时期并没有特别突出的代表型人物，涉及人群普遍呈现出跨地区、跨年龄、跨职业等特征。

我国的社交媒介经过了以文字、图片为主的报纸、杂志、书籍和以音频为主的电视、广播后，开始进入直播时代。网络直播是一种大众传播的新现象，赋予了媒介新的属性，这种新属性主要表现在以下3个方面。

第一，通过直播可以生产出更多优质内容，使网络社交更加立体化。以往需要双方在网络上交流，由于互不谋面，只能通过文字、图片等单一的方式来感知和想象；而直播可以通过优质的画面、多样化的表达形式以及多层面的互动技术，实现即时、高效的沟通交流。

第二，打破了媒体与媒体间的界限，打造一个"融合性"平台。这种交流不仅仅局限于平台本身，还可以融入更多的第三方参与，即通过分享、转发使信息在多个平台之间实现转化和流动。

第三，承载了报刊、杂志、电视、广播等传统媒介所无法承载的信息。通过直播，交流双方可以实现深层次、立体化的互动。主播也可以展示更加真实的信息，观众通过互动，参与感得到大大提升。

直播将成为继文字、图片和语音社交之后的下一代社交语言，将开启三次元社交新时代。选择一个直播平台、注册一个直播账号，就可以用镜头向家人传递一段问候、向朋友诉说一段心事，或记载一次精彩的旅行、一次难忘的聚会。这些即时的、动态的、真实的画面既可以像视频聊天一样同时发送给好友，又可以同步更新到微信、朋友圈、微博等多个社交平台。

无论是从社交发展的趋势来看，还是从用户的使用习惯来看，直播已成为移动互联时代的主流交流方式。在社交的一次元、二次元时代，分享文字、分享图片、分享语音已成为相当流行的事情。于是QQ、微博、微信等应用在用户中拥有了极高的占有率，几乎成为每一部智能手机里的基本配置。如果说前两个时代带动了微博、微信等图文、语音社交类应用的兴起，那么三次元时代将会为直播带来前所未有的原动力。在直播平台日益增多，4G网络、智能设备逐步普及的今天，直播将会给大众带来前所未有的、全新的体验。

1.3 我国直播行业的发展历程

直播，顾名思义就是直接播出，是人与人之间实时交流和互动的一种方式，根本目的就是满足大众的社交需求。从这个角度来看，直播在任何时代都存在。在古代的戏园、茶园，常常有艺人给看客弹琵琶、拉二胡、唱小曲儿，靠客人的打赏、送礼物来获取报酬，报酬高的还会被当场高声宣布，以显示对方的身份和满足其虚荣心，这就是最原始的"直播"。到了近现代，有不少歌手、艺人通过展示自己的才华来获得观众的打赏，这其实也是一种"直播"。

现代，直播与视频业紧密相连，是视频业不可分割的一部分。在不同时代，直播形式也一直在更新。我国的视频业大致经历了从长视频到短视频，从录播到直播，从PC端到移动端等几个阶段。

在走过漫长的"面对面"直播期后，我国迎来了第一代媒体——电视直播。电视直播在20世纪80年代中期才兴起，是人们感受最深，也是伴随着

70后、80后、90后一大批人成长起来的一种方式。我国首次电视直播事件是1983年的春节联欢晚会,首次大规模室外直播是1984年中华人民共和国国庆35周年大阅兵,出动了200多人,5辆转播车,23套摄像机,14套微波设备,并通过卫星向国外直播。

紧接着是PC端直播,PC端直播门槛较低,这也使越来越多的网民能参与到视频制作和直播当中。移动互联网兴起后,直播又从PC端转移至移动端,门槛更低,参与性更强,互动性更好,使直播直接成为大众社交、娱乐、企业产品营销、用户引流的新入口。

在直播强大的影响力之下,直播平台也逐步兴起,我国比较早的直播平台在2005年兴起,如YY、9158等,而后又有六间房、A站、BiLiBiLi等。高峰期是在2013年和2014年,这两年大量网络直播平台如雨后春笋般崛起,如美拍、秒拍、龙珠、熊猫、花椒、映客、闪咖、抖音等,具体如图1-4所示。

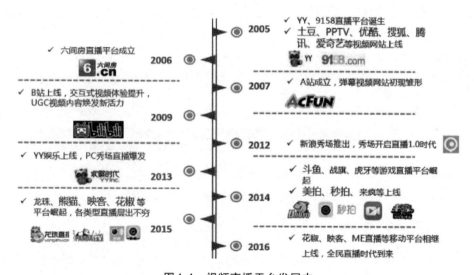

图1-4 视频直播平台发展史

2015年,特别是下半年以来,国内网络直播行业进入快速发展时期。到了2016年迎来了一次小爆发。据不完全统计,截至2018年4月份,全国已经有直播平台200余个,用户3.25亿。

表1-1所示为我国排名前十的网络直播平台和累计下载量比例分布数据(数据截至2016年底)。

视频直播的内容最开始只局限在体育赛事方面,之后有了秀场直播,以唱歌、跳舞、秀技能等为主。随着网络游戏的出现又有了游戏直播,如今移动互联网发展得如火如荼,进入了一个全民直播的时代,泛娱乐直播又火热起来。

表1-1　我国排名前十的网络直播平台

排名	名称	累计下载占比
1	YY	24.4%
2	斗鱼	14.9%
3	风云直播	14.5%
4	虎牙直播	9.4%
5	KK唱响	5.5%
6	直播吧	4.4%
7	秀色秀场	3.0%
8	战旗	2.5%
9	9158	2.4%
10	映客直播（么么直播）	2.2%

直播平台类型与直播内容类型基本保持一致，大致可分为4类，第一类是秀场直播，约占到总数的34%；第二类是游戏直播，占到总数的16%；第三类是泛娱乐直播，占总数的44%；其他的占6%，如图1-5所示。

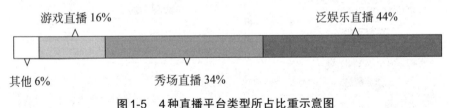

图1-5　4种直播平台类型所占比重示意图

案例1

游戏直播以斗鱼、熊猫、虎牙、全民、龙珠、战旗为代表；秀场直播竞争最为激烈，以映客、花椒、一直播、小米、YY、陌陌为代表；泛娱乐直播尤以体育为盛，诞生了诸如直播吧、风云直播、乐视体育、章鱼TV等直播平台。

从累计下载量来看，YY以24.4%的占比在众多直播平台中排名第一。YY成立于2005年，2012年在美国纳斯达克上市，2015年向虎牙直播注资7亿元人民币，坐稳了国内直播行业的第一把交椅。

斗鱼的成长速度最为迅速，以14.9%的占比排行第二。斗鱼成立于2014年，短短几年内发展非常迅速，逐步由单一的游戏性平台，向体育、综艺、娱乐、户外等综合性平台转型。

综观直播的发展历程不难发现,在不同的发展阶段,直播平台、直播内容以及内容的呈现方式一直在不断变化。内容创造需求,正是内容的创新才刺激新的消费市场。直播通过优秀的内容来引导更多受众观看,受众在观看直播中产生消费。

这也是为什么业界很多人强调直播经济来临,之所以如此讲,主要是因为直播带动了消费模式的升级,让直播为企业、为社会服务,成为新的经济增长点。

1.4 网络直播特征和发展趋势

网络直播业虽然经历了几十年,但最近这三四年无论从平台数量、发展速度、参与人群、网络直播内容,还是商业模式和对资本的吸引上,网络直播都开创了以往所没有的新局面。随着网络直播的持续火热,巨额资本也开始进入网络直播行业。

除YY、斗鱼、花椒直播、熊猫TV等主打网络直播业务的企业以外,腾讯、百度、阿里巴巴、360等互联网企业,小米等传统企业,都纷纷入局开辟网络直播业务。国内资本市场似乎都看到了网络直播这个大风口,企图从中分得一杯羹。以2015～2017年为例,表1-2为这两年间各主要网络直播平台的融资情况(数据来源于艾媒咨询)。

表1-2 2015～2017年各主要网络直播平台的融资情况

时间	名称	融资金额
2015年3月	六房间	26亿人民币被收购
2015年10月	Imba TV	1亿人民币B轮融资
2015年11月	龙珠直播	2.78亿人民币B轮融资
2015年12月	火猫TV	5亿人民币A轮融资
2016年1月	映客	8000万人民币A+轮融资
2016年3月	易直播	6000万人民币A轮融资
2016年3月	三好网	7500万人民币Pre-A轮融资
2016年3月	斗鱼TV	1500万人民币A轮融资
2017年4月	微吼	2亿人民币C轮融资
2017年4月	花椒直播	10亿人民币B轮融资
2017年5月	虎牙直播	1.947亿人民币A轮融资

网络直播平台在获得大量社会资金扶持的同时，自身质量也在不断提升。如在视频的清晰度上大大改进，给观众带来的体验感更加舒服、逼真。

网络直播对网络、宽带的要求非常高，尤其是游戏网络直播，清晰度越高，对宽带的要求也越高。近年来，宽带总量的提升也使网络直播的清晰度大大提高。网络直播宽带的增长，将主要取决于秀场网络直播的继续普及和高清拍照手机对清晰度需求的提升。2016年以来，高清、超清及超清以上的网络直播大量出现，按照网络直播的清晰度大致可分为标清、流畅、高清、超清、超清以上5个档次。一般来讲，高清以上的视频可以给观众带来比较完美的体验。高清及其以上的视频占到总数的30%以上，具体数据如图1-6所示。

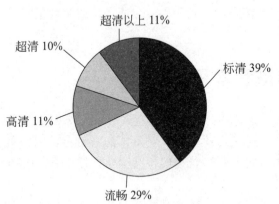

图1-6　2017年网络直播清晰度分布示意图

相信在未来，高清及其以上的视频将会越来越多，因为只有良好的观看效果和体验才能吸引更多用户，并且留住用户。为了自身的发展，各大平台势必会加大投入，引入高频宽带，改善视频质量。

但是，随着网络直播热的不断上升，市场上出现了很多不和谐的现象，网络直播内容参差不齐，频频出现挑战底线的问题。政府为了规范网络直播市场出台了一系列政策，网络直播进入了"最严"监管时期，直播平台或将面临新一轮洗牌，尤其是中小型平台将面临生死考验。至此，网络直播将会呈现出一种新的发展趋势，一方面延续发展的势头，另一方面将会出现很多创新的事物。

这种趋势可以用并购、互补、垂直细分、超级平台四个词来概括。

（1）并购

并购包括平台并购与内容并购。一方面，巨头或大平台补足业务线与争夺流量入口；另一方面，中小型网络直播平台获得资源与资金。

（2）互补

网络直播将成为新媒体阵营的重要一员，成为致力于构建新媒体管理体系、营销渠道等企业的标配。

(3) 垂直细分

在方向上更倾向于垂直与细分，每一个垂直领域也许会出现各自的领先者。

(4) 超级平台

未来整个网络直播行业必将两极分化：一部分逐步衰退，直至消亡；另一部分呈现井喷式发展，甚至有可能成为超级巨头。

1.5 网络直播背后折射的经济效应

网络直播既是一种新的社交方式，又是一种经济形态，因此，在社交领域走红的同时也带来了新的经济增长点，直播将会成为经济发展浪潮下的又一个风口，在发展过程中衍生出新的经济形态，并会形成一套独特的赢利模式。直播经济打破了明星对"粉丝经济"的垄断，让普通民众也有机会从中受益，由此掀起全民直播浪潮。

进入2016年后，网络直播经济呈井喷式发展，所创造的收视率超过以往任何时代，成为新经济形态蓬勃发展的缩影。2016年，被媒体称为"中国网络直播元年"。

视频直播是网络直播经济的最大引擎，一支话筒、一台电脑、一个摄像头……便可创造财富。月收入可达数千元，甚至数万元。目前，在各大直播社区/平台上网络直播已经非常火爆。有统计，一个大学生主播月收入能达10万～20万元，一位业界大佬2个小时左右的网络直播收入达到30万元，游泳健将傅园慧网络直播1个小时，千万人观看，收入也达到了30万元。

以上统计表明，越来越多的人群涌入视频网络直播这个行业，"无网络直播不传播"的口号也正渐渐得到企业、商家、各大品牌的认可，几乎所有的社交、电商、媒体APP都打起网络直播的主意，且逐步形成了一种稳固的赢利模式，利用网络直播直接卖产品，吸引客户。

随着互联网、移动互联网技术的成熟，农产品销售也发生了翻天覆地的变化，如农村淘宝、聚划算等，就是通过视频网络直播来宣传和打开市场的。

案例2

2016年5月30日，农村淘宝在重庆市秀山县雅江镇桂坪村通过"淘宝直播频道"直播了一起卖土鸡促销活动，引来淘宝10万网友围观，网友亲切地称之为"村红"，如图1-7所示。

图1-7 网络直播卖土鸡

直播的是抓土鸡的过程。直播中,"村红"一行三人偷偷进入山头的生态养鸡场,时而撒玉米引诱鸡群,时而搞"突然袭击"……经过半小时的围追堵截之后,最终成功抓到几只土鸡。这一"山头抓鸡"的直播画面让观看的网民挪不开眼:"这才是正宗的土鸡啊""看着就好吃""这么可爱让我怎么舍得买来吃"……直播页面上,吃货们不断刷屏。"我家的鸡都是散养,行动敏捷,可以从这个山头飞到那个山头,又叫'土飞鸡'。这些鸡的个头虽然比市场上卖的大多数鸡都小,但肉质非常好,口感鲜美、营养均衡。"

网络直播卖土鸡这种销售模式的好处在于,信息传播的即时性和真实性,直播的画面是真实存在的。能让消费者用眼睛去看,用语言去交流,用心去感受,这个产品到底怎么样,看过之后,交流过后,基本可以做出明确判断。

与此同时,直播的相关农产品也在农村淘宝、手机淘宝、聚划算平台同步发售,网友一旦在网上下单,现场便称重、打包、装车、发货。另一种是在聚划算通过网络直播卖产品,直播中邀请影视明星担任主播。

在直播中明星主播用一个小时推荐了几种女性日常必需用品,如佰草集新七白美白嫩肤面膜、周大生图兰公主吊坠、艺福堂蜂蜜柠檬片、楼兰蜜语枣夹核桃、威古氏太阳镜、爽健丝柔电动修甲机等。

这些产品虽然类目不同、功能不一,看起来也没有什么关联,但通过这场直播却发生了良好的化学反应。因为它们对很多女性来说都是必需品,购买频率也最高,只不过平时的消费场景不同,无法同时购买,现在通过直播推荐来了一场联合营销。再加上明星主播的明星效应,取得了非常好的效果。直播不到5分钟,直播间就涌进了1万多人,直播结束时,观看直播的人数接近12万人。

网络直播是时代发展的产物，也许很多人认为这只是一场秀。即便这是一场秀，那也不是一场简单的秀。"一种新媒介的出现，将导致一种新文明的产生。"这是伊尼斯在《传播的偏向》一书中的话。套用他的话可以得到这样的结论：一个新媒介的出现，也将导致一种新商业模式的出现。也正因此，才有如此多的个人、企业、电商纷纷加入直播大军。

案例3

2016年8月21日，万众期待的佳澜"网红霜"新品时尚发布会在北京准时赴约。这是一场美的盛会，不仅吸引了百位网红、时尚美妆达人和主流媒体与美同行，而且品牌高层和代理商悉数亮相。

这场发布会是佳澜"网红霜"的第一次正式亮相，而随着会议的进行，天价神秘配方的揭开，现场网红鉴赏团的使用对比，各网络直播平台的现场直播，引爆了所有人对该产品的热情。佳澜的经销商美女团更是毫不手软，仅仅半个小时订单就已爆仓，狂销30万盒，而30万盒正是佳澜购买天价配方后，出品的第一批网红霜的最大出货量！可以预见，佳澜"网红霜"必将引领全新的爆品潮流！

在发布会上的走红毯环节，百位网红惊艳全场。从2015年起，网红大军就成为横跨美妆界、时尚界和微商界的全新势力。她们美丽、自信、独立，也更多地出现在社交媒体，快速赢得关注度，并引领网红经济的兴起。

网络直播能带来经济效益，成为当下最热的创业"风口"。巨大的商机催生了秀场、演艺、体育、电竞、教育、明星等各类网络直播形态，也让网络直播成了当下最火的虚拟产业。据资料显示，与网络直播息息相关的"产业"在2016年创造的产值近580亿元，超过2016年中国电影457亿元的票房总额。可见，网络直播经济已经成为社会经济中重要的一部分和社会发展的有力支撑。

值得注意的是，尽管网络直播这种传播方式优势非常多，如成本低、门槛低，但并不意味着谁都能做好、做出效益。毕竟目前网络直播仍处于发展初期，缺乏完善的制度规范、科学的监管体系，因此，也成了混乱之源，光鲜靓丽的背后乱象丛生，一定程度上干扰了网络市场的正常秩序。在此背景下，政府和相关部门正在大力整治，通过严格管理和正确引导，进一步规范网络直播市场，让其真正发挥积极的作用。

第 2 章

前景——自媒体时代的一股洪流

网络直播的低门槛使其前景被无限放大,由于只需一台电脑、一部智能手机即可随时随地直播。因此,各式各样的人群都成了主播,纷纷通过直播来展示自己,个人秀、才艺表演、户外游玩、电竞教育等各类直播纷纷兴起。同时,由直播带来的连锁反应也引发资本的暗流涌动,直播经济开始蔓延至各行业。

2.1 网络直播催生一批网红

随着网络直播的崛起,网红开始成为我们生活中不可分割的一部分,同时也在深刻地影响着人们的生产、生活、工作和学习。在我国的网络直播用户中,以明星、"网红"为主的直播事件热度提升最快,影响最大。

"网红"这个词在互联网兴起的早期就有了,就我国而言,伴随着互联网的发展已经走过了十多年,其发展形态也与互联网的发展息息相关。

网络直播时代,网红成名周期大大缩短,被大众熟知的可能性更多,社会影响力也更大。

案例1

2016年4月,百度知道推出中国网红大数据报告,首次发布了"中国网红十年排行榜"。排行榜按照关注度高低盘点了过去10年间的网络红人,荣登榜首的是安妮宝贝,总计有1233万关注量,紧随其后的是芙蓉姐姐,关注量达到1116万,新晋网红Papi酱以280万排在第九名。

尽管Papi酱排名比较靠后,但鉴于成名时间较短(2015年10月Papi酱才开始在网上上传原创短视频,此时据调查出台只有半年的时间),能挤进前十名实属不易。要知道,像安妮宝贝、芙蓉姐姐这些早期网红,成名较早,有良好的粉丝基础,而Papi酱作为靠网络主播起家的网红代表确实有后来居上的实力。

案例2

人气组合TFBOYS,火爆程度和人气攀升速度之快,再次证明了网络直播的力量。TFBOYS在网络上有着异乎寻常的能量,从十五六岁的小姑娘到老太太都有其粉丝。有了庞大的粉丝群,一场网络直播硕果颇丰。组合成员之一的王俊凯生日会之前,在演播间里直播了10分钟,本是借此与粉丝打招呼,谁知这声招呼竟有数千人观看,累计围观人数达到了2000万人,累计观看次数近6000万次。

仅从收视人数和节目曝光率来看,网络直播似乎已经体现出了强大的威力,但是真正值得挖掘和思考的是网络直播背后的流量再分配和场景连接的过程,事实上这才是网络直播为什么真正被大家所重视的原因。可见,网络直播才是网红及网红经济发展的催化剂,正是因为有了直播,网红才得以如此迅速地发展。

这些都在改变人们对网红的传统看法。直播以特殊的表现方式改变了信息的传播方式,不但可覆盖更大的范围,而且在时间和空间上有更大的随意性,人们可随时随地观看。

在众多网络直播平台大力发展的基础上,优质的视频内容将获得更大程度的曝光和推广。在这样的风口浪尖上,企业、电商也开始纷纷抢占视频市场,布局新浪潮下另一个互联网营销端口。诸如王健林、雷军这样的大佬也搞起了网络直播,王健林在飞机上直播斗地主、雷军直播无人机模型、淘宝直播卖货等,这些都表明,网红已经不仅仅是一种社会现象,而逐步成为一种经济形式。

网红经济是直播经济的一个分支,如今的网红经济初步形成了一个集上、中、下游为一体的、紧密联动的专业化生产产业链。上游负责生产产品,中游负责推广产品,下游负责销售产品,从而构建起一个拥有生产、销售和推广贯串全流程的闭环模式。该模式如图2-1所示。

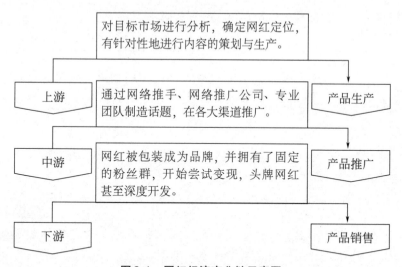

图2-1 网红经济产业链示意图

从商业角度来看,网红就是一种产品,需要生产,需要推广,还需要推向市场,进行变现。不同网红其变现方式也有所差异,目前的主要变现渠道集中在打赏、电商收入及付费服务。当网红有一定的市场影响力,或成了大IP之后,其变现形式将会更加丰富,变现能力也会更加强大,如形象代言、进军影视界、衍生品制作等,这些内容将会在第5章中讲述。

2.2 电商率先利用直播卖货

网络直播不仅颠覆了传统的社交方式,催生一大批网络红人,还对企业的营销方式和商业模式带来了极大的冲击,正在颠覆传统的企业经营模式,甚至再造传统企业的商业价值观。这个火爆的新玩法首先影响到的就是电商。作为互联网行业的大哥大,越来越多的电商对网络直播产生兴趣,将网络直播作为自己的标配,与此同时,其他行业的巨头也纷纷瞄准了这一块"香饽饽"。

案例3

网络直播与电商结合后产生了良好的化学反应,在消费者中产生了非常好的口碑。图2-2是京东生鲜在618品质狂欢节期间在斗鱼上直播的"龙虾激战之夜"活动截图。

图2-2 京东生鲜与斗鱼合作的"龙虾激战之夜"视频截图

由于网络直播的娱乐性和互动性都非常强,极大地带动了大众的参与热情。再加上,在整个直播期间,京东提供了多种礼物,直接促使订单翻倍,消费者的购买热情空前高涨,与2015年相比翻了6翻,来自移动端的订单高达88%。

有的电商还自建了网络直播平台,如手机淘宝推出的"淘宝直播"功能。

案例4

淘宝直播是一个专门为消费者服务的消费类直播平台，一天24小时全程播放。不过，根据用户的需求，大部分视频会集中在每天晚上的8点~10点直播，直播范围涵盖母婴、美妆、潮搭、美食、运动健身等众多商品。

事实证明，这个时间段也是收看直播人数最多、下单最多的时间段，如图2-3所示。

图2-3 手机淘宝中"淘宝直播"

网络直播的出现对传统电商营销是革新性的，直接促使其从产品销售向内容销售转型。直播中的信息是动态的，比静态的文字、图片信息更为丰富，冲击力更强，可以让消费者更全面地了解产品。最关键的一点是，通过网络直播看到的产品是真实全面的，360度无死角，产品的好与坏都无处隐藏，原形毕露。

由于在网络直播中主播能与用户进行实时互动，主播对产品进行详细介绍，用户之间也能通过弹幕交流消费经验。

这种带有浓烈社交色彩的网购模式，既保留了线上购物的便捷性，又结合了线下购物的交互属性，提升了用户的购物体验，让用户身临其境，直击用户的网购痛点。电商与视频的结合既是网络直播商业化的延续，又是一种非常重要的赢利模式。

"电商+直播"对商家或直播平台来讲可谓是双赢,两者都可以从中得到好处,电商实现了快速变现,直播平台带来了大引流。

(1)商家

对于商家而言,可使产品实现更全面地展示,通过传播产品信息,促进用户快速做出有效决策,提升了销售效率。此时,如果商家还能融入一些营销创意的话,就能更好地运用网络直播这一营销利器,为平台找到新的流量入口,打造完美的流量闭环模式。

(2)网络直播平台

对于网络直播平台而言,投入产出比将大幅度下降,带宽无异于是其最大的成本支出,致力于降低用户的带宽费用,坚持以用户为核心,从视频编解码着手,对底层音视频算法进行了深度优化,相同画质基础上比同类产品节省10%~30%的带宽流量。有了平台、技术多层面的直播支持,商家的投入产出比越来越高。

如果说网络直播是内容传播交互的创新,那么"直播+电商"就是经济生产模式的创新,从"人与货"到"人与人"的交互,"直播+电商"的前景不可限量。

2.3 传统企业也玩起了直播

当直播经济成为一种经济现象时,越来越多的企业涉足网络直播,开始利用网络直播淘金。网络直播在被大量引入到电商平台后,进而也被很多传统企业认可。不少传统企业也意识到网络直播将成为未来最主要的社交方式,并由此带来了营销模式的改变。于是,纷纷与各大网络直播平台合作,成为网络直播营销中的又一主力军。

案例5

如花椒直播与途牛的合作,花椒与途牛已达成战略合作,开启"直播+旅游"模式。2016年5月,途牛影视携手花椒全程直播王祖蓝夫妇在马尔代夫见证集体婚礼、知名演员颜丹晨量子号邮轮行、途牛影视签约旅行主播的韩国首尔行。直播累计观看人数400万次。在颜丹晨邮轮直播活动中,途牛通过口播方式发放旅游券,成交额破100万元。

案例6

百合网与花椒直播进行了合作,共同推出"5·20表白日"。通过14组嘉宾24小时无缝连接直播,涵盖情感、美妆、星座、娱乐八卦等讨论话题。这种实时的在线交流方式以及贴合网友兴趣点的话题设置,使百合网首次跨界玩直播,就吸引了60多万网友围观,获得点赞81万余次。

此外,酒仙网CEO郝鸿峰、微播易CEO徐扬、丰厚资本创始合伙人杨守彬先后与"大佬微直播"合作后,销量呈现出爆发式增长,互动火热,形成轰动的社会口碑。其中,丰厚资本的杨守彬创造了521万人次观看的成绩,引爆网络直播平台,杨守彬也成为投资界网络直播第一人。

值得注意的是,企业在打造网红企业、网红产品时,千万不能再用传统的思维去做。以往那种先对产品进行策划、定位,然后再制订策略、确定渠道、寻找市场的做法已经不再适用。网红营销模式,核心不在卖货上,而要引导粉丝追逐自己的生活方式。因为网红跟粉丝压根不是卖和买的关系!相反,而是通过一系列的生活展示来诱导粉丝追求她自己的生活方式。

两种营销模式的区别如图2-4所示。

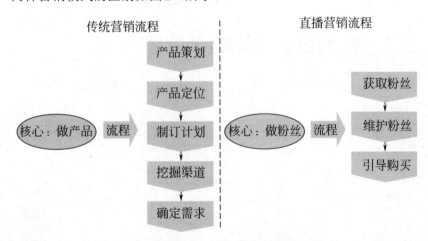

图2-4 传统营销与直播营销流程对比图

从图2-4可以看出,传统营销模式与网络直播营销模式最大的差距在于,核心定位不同,营销策略不同。前者是侧重于产品打造,后者侧重于吸引粉丝,因而导致所采取的营销策略也截然不同。

前者从企业产品策划到消费者购买,基本上是一个环环相扣的过程,任何一个环节出现问题都可能影响到最终的效果;后者则不同,卖什么、如何卖已经不是重点，关键是要拥有一批高质量的粉丝。以前我们说喜欢一个人并持续关注他就是粉丝，而今天的粉丝不同，他们与经济挂钩，也就是说，他们更愿意对自己的偶像、自己喜欢的这个人发生一次购买行为，并用购买的方式产生对偶像的一个情感溢价。

网络直播彻底改变了现如今的商业模式——框架反转，即本是想把东西卖出去，反而成为卖家来主动来我这里买东西。这有点像大型相亲节目"非诚勿扰"里的一个桥段，不是男追女，而是女倒追男，男嘉宾先通过自我展示，勾起女嘉宾的兴趣，最后剩下来的女嘉宾，反转过来让男嘉宾来挑。

那么，企业究竟该如何物色适合自己的网红？可以通过以下两个途径，如图2-5所示。

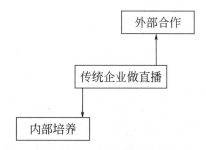

图2-5 企业打造网红主播的两种途径

（1）与已成名的网红合作

让企业具有网红的特征，与已成名的网红合作是一种较省时省力的方法。可以充分利用已成名网红的社会影响力迅速打开市场。

案例7

爱茉莉太平洋是享誉全球的一家韩国化妆品集团公司，它的一款洗发水品牌——吕，因邀请了中国美容领域的10多名"网红"参与，从而打进了中国市场。该公司为这些网红提供从头皮护理到洗发和彩妆的"全套服务"，同时也出席了购物中心、免税店等三家企业的活动，而后将参加活动的照片分别发至自己的社交账号。两个月后，"吕"在中国的月销售额创下1300万元的纪录，和前一年同期相比，增长了6.7倍。

该品牌的相关负责人说："看到销量激增，切实感受到了传闻中的'网红'效应。""我们计划本月中邀请'明星级网红'，并将活动的全过程拍摄成视频。"

需要注意的是，这类方法也有其劣势，成本较高，就像曾经邀请名人的代言一样，需要支付一定的费用，而且稳定性较差，无法形成稳定、系统的发展模式，也无法为粉丝提供持续有力的服务。

（2）培养自己的网红

为什么要培养自己的网红，除了成本低之外，关键是有些网红虽然很大牌，但她们的粉丝调性与产品并不契合。要什么样的效果就找什么类型的网红。例如，想卖美妆用品，当然就需要美妆类网红；想卖衣服，就要签服装类网红；想卖冬虫夏草，就得培养藏族网红；想卖意大利红酒美食，就得培养意大利厨师网红等等。

假设一家卖红酒的企业，却找一个服装类网红合作，其效果肯定不太好，因为其粉丝调性不同，即使有几百万的粉丝，购买率也很低。因此，在吸收一部分名气较大、细分能力强的社会网红资源的基础上，还需要有一批小网红，形成网红矩阵。这就需要企业自行培养一批网红，这些网红要充分了解企业，与企业的调性相符合，且能全心全意忠诚于企业，如创始人、核心的骨干合伙人、创始人家庭成员等。

案例8

美宝莲在一次新产品发布会上采用了网红直播的形式，先后共50个网红主播参与这场活动，并对整个新闻发布会盛况进行直播。正是在网红主播的带动下，发布会赢得了众多粉丝的关注，据统计，截至活动结束超过500万人次观看了直播，这也大大促进了新品的曝光度。

与此同时，主办方还利用这次新品发布会直播的机会直接卖起了产品，在直播页面下方，出现了一个购物车小标志，观众只需要进行简单的操作就能下单。官方这一举动让大家的注意力不可抗拒的转移到了产品上面。截至活动结束后，整场直播，卖出去的产品竟达到了惊人的10000支（折合销售额约142万元人民币）。

在"粉丝经济""颜值经济""红人经济"遍地开花的今天，许多人开始思考直播这种商业模式的合理性，再加上近几年兴起的网红现象，作为企业必须明白，企业做好直播营销，与网红主播合作，能有效提高企业产品销量。不过，利用直播来扩大品牌曝光度，来带动产品销量，是一种新兴商业模式，未来前景到底如何尚未有定论，需要企业边实践边摸索。

2.4 国家对网络直播平台、直播人员的新规定

网络直播市场本是一个极具投资和发展空间的领域，很多事实都预示着直播行业正在成为一个庞大的新兴市场，但由于缺乏监管，乱象丛生，整顿迫在眉睫，一系列政策、法规、行业公约的出台在很大程度上改变了网络直播的市场格局。

网络直播作为一个新兴行业，过度地曝光、巨额的利润，导致其软肋不断地暴露出来。有些直播人员传播一些低俗的内容，不断挑战大众的道德底线；有的网络直播平台则游走在法律边缘，靠打擦边球吸引关注。

据调查显示，网民对网络直播的评价整体较低，77.1%的被调查者认为存在低俗内容，90.2%的人认为其整体价值观导向为一般或偏低。

网络直播内容的低俗化与创新度不够有一定关系，各大平台直播的内容严重同质化，基本绕不开聊天、唱歌、化妆、逛街等。一旦用户对这些内容失去新鲜感，就不会再去关注该平台。因此，有些平台或主播就采用"奇招"，利用人的猎奇、臆想和窥私心理，推出一些低俗内容。

综观整个网络直播市场，宣扬色情、淫秽、暴力、教唆犯罪、危害社会公德等低俗的内容充斥其中，以暴露、挑逗等方式来吸引眼球的做法早已是行业普遍现象；堂而皇之地打着"美女""秀""色"等具有窥私欲和荷尔蒙刺激的元素来吸引观众眼球。据统计，几乎所有的主流网络直播平台都有不同程度的涉及，国家相关部门曾对此公开点名批评过，并限期整顿，同时也强行关闭了一些违规直播间。据文化部披露，2016年6月一次集中清理行动中，各大网络表演平台共关闭严重违规表演房间4313间，整改违规表演房间15795间，解约严重违规网络表演者1502人，处理违规网络表演者近1.7万人。

无论从网民的反馈、媒体的曝光，还是国家采取的措施来看，都表明网络直播平台、网络直播市场存在着整治的必要性。出现这样的问题，正是网络直播市场缺少一定的规范和监管的原因。问题被发现后，引起了社会各界的高度重视，自2016年年初，在全社会范围内逐步掀起了一场整治之风。目前，已经基本上形成了一个以"直播平台-社会组织-国家"三位一体的综合防范体系，如图2-6所示。

（1）平台层面：制订内部规章制度

遏制直播行业的不正之风，首先需要网络直播平台先行动起来，毕竟，只有平台方才是直播行为的最直接参与者，是直播内容的重要产出者和监督者。主播的一举一动都取决于平台方的规范程度。

斗鱼：主播着装标准	网络直播行业自律公约	互联网直播服务管理规定
对女主播的着装、声音、动作等言行举止都做了明确的规定。比如，着装不能过透、过露；下装腰部必须穿到骨盆以上，低腰下装不得低于脐下2cm；胸部裸露面积不能超过胸部的1/3。	北京网络文化协会联合百度、新浪、搜狐、花椒等20多家直播平台发表联合声明，共同抵制不良行为。比如，直播内容存储时间不少于15天备查；所有主播必须实名认证；24小时监管等。	全文共分为二十条。从总体上规定了互联网直播服务应当遵守法律法规，坚持正确导向，大力弘扬社会主义核心价值观，培育积极健康、向上向善的网络文化，维护良好的网络生态。

图2-6　网络直播三位一体的综合防范体系

在这方面最先做出表率行为的是斗鱼直播。2016年2月14日，斗鱼官方服务团队发布一份名为"斗鱼TV扣分系统上线，直播间违规管理方法"的公告，对其旗下主播的行为及着装规范进行了详细的规定。《斗鱼平台主播行为、着装规范》对主播的行为和着装进行了异常细致的规定，并规定每个直播间扣分如超过限额将永久封停该直播间，具体如图2-7所示。

据探访过斗鱼审核部门的媒体报道，斗鱼向媒体展示了20台内容批量监控设备，与保安监控室模样相似，这些设备背后有70～300名内容审核员，高峰期需要的人员会相对增加。

图2-7　《斗鱼平台主播行为、着装规范》相关内容

（2）国家层面：制定法律法规

规范主播行为应该有一个规范化的制度、法律法规，有些人打"擦边球"就是因为规范制度不存在。在一些网络直播中，虽然会有一些色情或者暴力

的东西,但是怎样才算暴力、怎样才算色情,也没有明确的界定。因此,从国家层面来看就需要制定相关政策和制度,对直播行为进行规范和约束,对于不符合规定的直播要从严处理,只有这样才能从根本上遏止类似行为的发生。

2016年国家出台了《互联网直播服务管理规定》,并于12月1日正式实施。这个因2016年各种直播乱象而及时出台的新规定,无疑为火爆异常的直播市场注入了一剂强心针,让有些虚高的直播现象回归理性(见图2-8)。

图2-8 《互联网直播服务管理规定》相关内容

(3)社会组织层面:约定行业自律公约

现在的网络直播都是实时的,仅靠企业和国家监管实际上具有严重的滞后性。在此情况下,就需要社会组织的正确引导,靠行业规定和社会道德,去引导从业者树立良好的职业道德、职业规范,遵守行业规定和国家法律法规。因此,需要探讨如何建立预防机制。一方面,要加强市场的监管;另一方面,要加强对主播等从业人员的引导。

2016年4月,百度、新浪、搜狐、爱奇艺、乐视、优酷、酷我、映客、花椒等20余家从事网络表演(直播)的主要企业负责人共同发布《北京网络(直播)表演行业自律行动公约》(见图2-9)。各自承诺从自身做起,对直播人员的资格、资历进行严格审查,对违约者进行相应的处罚,甚至永久性地取消其直播资格。

图2-9 《北京网络表演(直播)行业自律行动公约》相关内容

通过国家、行业机构,以及平台自身多方面、全方位的整治,直播市场的乱象得到了最基本的控制,大部分不符合新规定的网络直播平台被强行停止,直播间被关,主播账号被封。虽然要想得到根除还有很长的一段路要走,但总体而言已经起到了作用,对部分居心叵测、投机倒把之人来了个急刹车。新规定实施后,主流平台都做了相关的改进措施。比如,在用户和主播方面,落实实名制,进行手机认证;在主播方面,增加培训,包括平台管理和工会管理,签订相关协议等。这都有利于加大惩戒力度,落实分级制度监管,有效净化网络直播环境。

第3章

优势——网络直播为什么如此受欢迎

网络直播作为一种新型传播方式,将引领媒体信息传播与互联网应用向更高层次发展。这都源于网络直播有其独特的优势,如表现方式多样、互动性较强、体验好,受众范围广、时空适应性强等。这都决定了网络直播必将逐步取代传统媒体和其他形式的网络媒体,受到更多人的青睐,尤其是年轻一代网民。

3.1 真实性：现场直播=事实真相

随着各类网络媒体的快速发展，互联网上的垃圾、虚假信息越来越多，在微信、QQ、微博、贴吧及各大社交媒体上都可以看到。这些信息严重干扰了大众接受新事物、学习新知识的通畅性，甚至可能造成严重后果。

这样的案例层出不穷，最常见的如一些网站上的打字人员的招聘信息。诸如"每天工资至少100元，每天2～3小时，家里有电脑就可工作，工资每日结算"等非常诱人。事实上呢？多为"钓鱼"信息，很多人看到信息去面试，被录取后才发现上当受骗了。

案例1

某大学的一名大三学生在网上看到一条很有吸引力的招聘信息，于是给对方发了自己的简历。不料很快就被通知录用了，并要求在线上提供银行卡号等信息，当他按要求提供这些信息后，便发现卡里的钱已被取走。

案例2

无独有偶，2015年4月的一天，一位名为"free黯然的忧伤"的网民在百度贴吧——百度襄汾吧上发布一条为"公车私用，警车跑火车啦"的帖子（火车，当地地名的土话发音）。这条信息利用当地襄陵派出所在景区执勤的两辆不同的警车照，经过PS后合在一起放到网上进行炒作，吸引网民回帖。该网民为了继续引发网民关注，再次发布内容，给派出所造成了诸多负面影响。

这些信息之所以能蒙蔽当事人，使旁观者真假难辨，就是因为文字、图片这种形式的信息有自身的局限性，如失真、易篡改、容易迷惑人等。试想一下，如果利用网络直播的方式，这些缺陷就没了，传播的信息也更能体现现场的实际情况。总之，是网络直播的即时性使内容更真实，展示出来的信息是看得到、听得到的。从这个角度来看，网络直播的音频性内容相比于带有严重滞后性的文字、图片更符合大多数人的心理预期。

直播可直接呈现事件的全过程，让消息来源的真实性更加可靠。尤其是一些社会热点事件，由于有了现场直播，更容易让大众明白事件的整个过程。

3.2 传播性：更有利于信息扩散

也许很多人有这样的体验：在微信中用视频直播与好友、家人聊天，感觉比打字、语音更痛快；在微信群、朋友圈看到各种诙谐、轻松、活泼、动人的小视频、广告推送会多看两眼；在秒拍里拍下自己的靓装歌舞变声视频，冷不丁发给闺蜜，还配上一个坏笑的表情，会增加几分感情。

传播形式的多样化、范围广、速度快，是网络直播深受大众喜爱的主要原因。在各种新媒体、自媒体高度发达的网络媒体时代，任何一条信息都可以通过这些渠道，在很短时间内传播开来，甚至引发轩然大波。从早期的论坛、微博，到超级媒体微信，再到现在如火如荼的网络直播，皆是如此。

裂变式的传播是新媒体的共性，先看两个案例，一个是关于微信的，另一个是关于微博的。

案例3

2015年5月一条名为"杭州史上最小别墅仅83平方！户型刚从绿城流出……"的微信信息刷爆了朋友圈。仅仅4天阅读量超过48万，该微信也如春风吹过野火，一下子红遍大江南北。原来这是一个由名为"绿城·桃李春风微墅"的公众号发布的一条卖房消息。在微信传播的发酵下，该楼盘也受到了极大的关注，很多购房者打电话咨询，据说售楼热线一度瘫痪。

案例4

无独有偶，曾经轰动一时的"温州动车脱轨"事件。凤姐在事件发生后，通过微博发布了"死得其所，重于泰山"的言论。尽管人人有言论的自由，但正是这句话引发了很多人的不满，这件事一夜之间闹得满城风雨，很多网友纷纷炮轰其言论不当，伤害了死者的感情，最后凤姐微博账号也暂时被封杀。

上述案例表明，无论好消息还是坏信息，经过互联网媒体的传播，可迅速传遍每个角落，到达每个人的耳朵。微信、微博是极具代表性的传播媒介，在传播性上具有比其他传播方式更大的优势，传播范围更广，传播速度更快，还可以实现即时互动。到了媒体的三次元时代——直播时代，视频直播在这方面更胜一筹，我们来看看一场网络直播到底有多大能量。网络直播作为微社交时代的最新社交方式，由于融合了文字、语音和画面等多种表现形式，这种传播力似乎更大。

案例5

图3-1为某影视明星曾做的一场环法自行车赛现场网络直播。从图中的数据可以看出，这场直播持续时间为1分钟39秒，观众2515人，被赞6.6万次。而获得如此多的关注还不到一天的时间，后台显示直播播出时间为2016年7月24日21:41，数据统计时间截至7月25日18:40，仅仅21个小时。

图3-1 某影视明星做的一场环法自行车赛现场网络直播视频

如果说上述视频受到如此多的关注是因为受"名人光环"的影响，那么，接下来这条视频则是一位草根发布的。主播是一位普通的果农，直播内容是果农摘苹果的过程，通过直播卖苹果。

案例6

如图3-2所示，这则视频同样受到了很多人的关注，从图中可以看出现场围观的人高达四五百人，点赞则达到3.3万多人次。在互动中人们直接询问"多少钱一斤？""如何包邮？"等问题。

图3-2　某果农网络直播卖苹果

可见，视频直播的力量很大，无论是自带流量的影视明星，还是普通的草根一族，只要善于利用网络直播，就可以获得巨大的曝光量，获得更多的关注，乃至实现更大的商业价值。

那么，视频直播为什么会有如此大的传播力？这是由于内容的观赏性更强，适宜人群更广，老少皆可，比起微博、微信更易于传播。除此之外，还在于其内部传播模式的不同。传统媒体的传播形式是点对面式的传播，而微视则是点对点、点对面的双重传播模式。每一个网络直播都不是单独存在的，而是依托于某个平台，在这个平台上聚集着大量的用户，如果把每个用户看成一个点，整个微视平台就是将众多用户连接在一起的面，其中任何两个用户都可以相互关注，这就是所谓的N对N的传播模式。这种模式与物理反应中的核裂变相似，因此称之为传播的裂变性。

当然，这都是网络直播以及网络直播平台客观存在的优势，但并不意味着占据这些优势就可以打造一个真正拥有超强传播力的视频平台。在实际操作中，还应该把握一些技巧，主要是内容层面的，即所发布的直播内容本身要具有极强的传播性。

3.3 社交性：融互动、有趣于一体

综观大多数网络直播平台，无一例外都带有一定的社交性。即使定位不同，针对的人群不同，功能有所差异，但都是以社交为基准的。如映客、花椒等。以聊天互动、交流交友为主要内容的网络直播平台，斗鱼、熊猫等以游戏、才艺传授等细分领域的网络直播平台，都是以社交性为前提的，即先依靠高度娱乐化的内容吸引粉丝关注，然后利用粉丝黏性打造更有价值的内容。

认真分析一下就会发现，其实很多新媒体平台都具有社交属性，先具有社交功能，再向其他功能延伸。QQ、微博、微信，众所周知，这是目前全国用户最多、影响力最大的三个新媒体平台。现在几乎人人都开通了QQ、微博，无论工作、生活、学习，还是创业都离不开它们。例如，一个做服饰的卖家，最早利用QQ、微博，通过拍照片宣传，与消费者交易，并积累了几万粉丝；后来微博转化率变差就做微信卖产品，在微信群、朋友圈上宣传和销售；然后现在开始做网络直播，在镜头前全方位地展示，引入VR（虚拟现实）技术，便于消费者现场试穿。

可以发现，无论哪个阶段这位商家在卖衣服时都是以社交为基础的，先在平台上展示自己的衣服，然后再通过与消费者的沟通交流最终达成交易。不同的是展示、交流的方式发生了变化，网络直播与前者相比更形象、更全面、体验更好。

从社交的方式来看，网络直播平台大致可分为两种：一种是以QQ直播、映客、花椒等为代表的"秀平台"，另一种是以斗鱼、熊猫等为代表的"互动平台"。

（1）秀平台

QQ直播、映客、花椒等网络直播平台的核心是"秀"，秀颜值、秀身材、秀生活、秀才艺等。其实，这与传统的社交软件一模一样，包括商业模式、变现模式都没有任何改变，只是秀的形式由原来的晒图、晒文变成了网络直播。直播方式如图3-3和图3-4所示。

（2）互动平台

斗鱼、熊猫这类网络直播平台，对大众的吸引力是在"兴趣"上。因为游戏聚集了大量的直播观众，后来各种原生主播创造了很多不同兴趣的领域，大家因为兴趣而聚集观看。这类的网络直播平台与"秀平台"不同，核心是互动，主播与观众、观众与观众，很多主播的直播内容是由观众一起创造的，如图3-5所示。

第 3 章　优势——网络直播为什么如此受欢迎

图 3-3　以秀歌声的 QQ 直播　　　　图 3-4　以秀生活的映客直播

图 3-5　斗鱼直播《英雄联盟》与玩家互动

3.4 平台性：容易形成特定的圈子

圈子文化在中国是一种特色文化，存在于各行各业、各个领域、各个人群中。同学有同学圈子，朋友有朋友圈子，战友有战友圈子，IT行业有IT圈子，金融行业有金融圈子，出版行业有出版圈子。一个个的"圈子"形成了不同的"生态链"，而且每种圈子在长期的存在过程中会形成自身独特的文化，也叫圈子文化。

那么，"圈子"是如何定义的呢？通常是指依托于特定的平台，平台为圈子的形成提供了智力、技术等多层面的支持。网络直播由于依托的平台不同，也逐步形成了各式各样的直播圈。根据目前网络直播平台的类型，大体可分为秀场圈、游戏圈、泛娱乐圈或其他。

这些圈子还可以进行更为细致的划分。例如，同样作为游戏的圈子，根据不同的游戏还可以分为多个小圈子，在虎牙直播平台首页的分类一览中就可以看到根据游戏名称进行的分类，如英雄联盟、王者荣耀、穿越火线……，如图3-6所示。每个游戏都聚集着各自的游戏爱好者，从而形成了一个个小圈子。

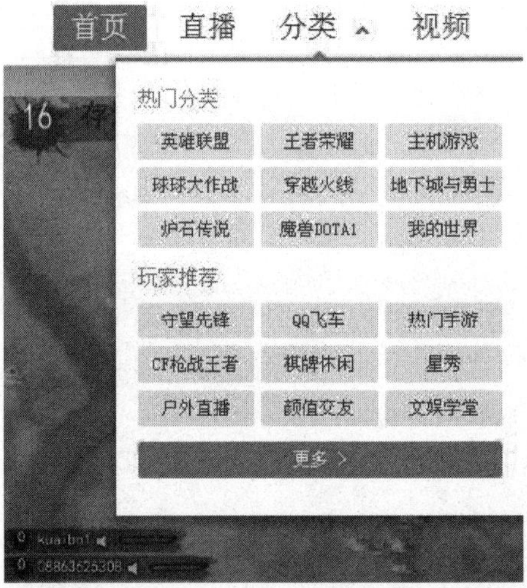

图3-6 虎牙直播平台上不同的游戏圈子

网络直播平台可分为综合性和专门性直播平台两大类，综合性的有美拍、微视、秒拍等；专门性的有腾讯直播、搜狐直播、360直播、映客直播、花椒直播、斗鱼直播、虎牙直播、熊猫直播等。

2016年是直播行业的井喷期，各式各样的网络直播平台如雨后春笋般出现在人们的视野中。这其中移动网络直播行业成为了众人关注的焦点。新兴行业的兴起丰富了互联网，让人们的生活更加丰富多彩，这也为营销提供了更多的可能性。表3-1所示为常见的几种网络直播社区/平台。

表3-1 常见的网络直播社区/平台

类型	名称	主要功能
传统平台	腾讯直播	是在线视频媒体平台，以其丰富的内容、极致的观看体验、便捷的登录方式、多平台无缝应用体验为特色
	搜狐直播	是门户网站第一个视频分享平台，提供正版高清影视剧、综艺节目、纪录片在线观看，网罗最新、最热新闻、娱乐视频资讯，实时直播各大卫视节目，同时提供免费无限的视频空间和视频分享服务
	360直播	是一个汇聚多个主流视频网站的视频资源的平台，并可对各种视频资源进行精心整理重构，形成自己的视频数据库，以搜索、推荐等方式提供给用户，让用户一站式的了解所有能看到的视频，快速找到想看的视频
综合性平台	美拍	是美图秀秀出品的一款短视频社区。主打拍摄切入，以优质的MV效果，让用户参与到创作中来，让用户在美拍里成为主角，从而也激发了用户自身的传播
	微拍	是国内首款基于手机的直播社交应用，支持二十多种实时炫彩特效，可以一键创造最炫、最好玩的视频日记，在线直播，并通过手机和朋友们直接分享和互动
	秒拍	由"炫一下"科技有限公司推出，主打10秒短视频。特色是水印和变声功能。40多种不同个性的动态视频水印，彰显主播的个性！独家提供视频实时变声功能，可再现蜡笔小新、汤姆猫、地方方言等好玩的声音，让视频更好玩
专门性平台	映客直播	是一款覆盖了iPhone、Android、Apple Watch、iPad的社交视频直播应用，与微博微信账户关联，用户只需拿出手机，简单操作，就能瞬间开始直播，让全平台用户都能观看。同时也可分享到朋友圈、微博、微信邀请好友观看
	花椒直播	是一款视频直播分享社交应用。轻松上手，手机一键直播，随时分享自己感兴趣的人或事。直播过程中通过与网友的互动，可拥有更多的朋友，体验当主播的快乐
	斗鱼直播	是一款弹幕式直播分享网站，除了具有操作便捷、可多平台分享的特点外，另一个优势是直播内容丰富，涵盖体育、综艺、娱乐等多个领域

3.5 分享性：可将视频分享到多个平台

开放性是新媒体另外一个重要的、显著的特征，包括微信、微博，以及现在我们谈到的网络直播，都在积极地使自己更开放，面向更多的受众群体。开放性是自媒体、社交平台等产品未来发展的一个趋势。这个趋势从马化腾对腾讯微博的态度上就能看到，马化腾曾表示，"开放不是种态度，而是一种能力。如何能掌握运作开放平台所需的全部能力，以及在其之上，如何让开放成为腾讯公司的核心主轴，让其产品能力真正为统一的开放内核服务"。

马化腾的话，表明自媒体发展的定位必须具有开放性，封闭必将限制平台的发展。网络直播之所以能火爆，主要原因也在于它所承载的平台是个开放式的平台，包括上传、互动、分享等，使视频上传者与观看者、分享者之间形成了一个完美的闭环。闭环路径如图3-7所示。

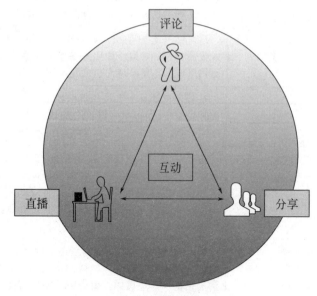

图 3-7　闭环路径

（1）主播：现场直播

直播播主可在平台上自主直播，供用户在线观看。以美拍为例，如图3-8所示为美拍直播功能界面。

直播步骤如下：

第一步：下载一个美拍软件，注册账号，然后登录。

图 3-8 美拍直播功能界面

第二步:打开美拍界面,点击上面的直播。

第三步:填写手机号码,进行播主实名认证。

第四步:点击下一步,添加标签、话题。可以添加任意话题,但最好与视频有关(处理中,稍微等待一下)。

第五步:开始直播。

第六步:选择要分享到的平台,点击下面的分享按键即可上传。若不想分享则可单击下面的标志,标识成灰色则表示不可分享。

(2)观看者:评论

用户可对直播内容发表自己的观点、看法、评论,与播主、上传者或其他受众互动。目前,所有的直播平台都有这样的功能,播主们可以随时与粉丝展开互动。如图3-9所示为PANDAPIA的一则视频,熊猫宝宝的可爱引发了众多粉丝的留言和评论。

图3-9　PANDAPIA熊猫频道视频引发的评论

（3）观看者：分享与二次分享

观看者在观看完视频之后，可将自己感兴趣的，或者认为对自己以后有用的信息分享，分享到自己的直播账号，或转发给第三方。以@萌宠兄妹发的一则视频为例，由于可爱的狗狗受到粉丝的热捧，大多视频被转发，如图3-10所示。

目前，大多数网络直播的开放路径已经逐渐清晰，基本上都具有分享到QQ、微信好友、微信朋友圈、腾讯微博、新浪微博的功能。这样一来，微信、QQ、腾讯微博、腾讯朋友等都成了开放平台。

网络直播平台的开放性特征，让媒体实现了"多元"式发展，更多地融入到整个互联网互联互通的生态系统中。网络直播社区/平台的开放性决定了其必定是一个合格的营销工具，视频的上传者只要有好的创意、好的产品、好的服务，就能够在这个大舞台上唱出自己的特色，让整个生态圈更和谐地发展。

人人媒体的时代悍然到来，挡都挡不住。这曾经是微博时代的专家对于微博的解读。在直播时代呢？一定有过之而无不及，只要直播的内容有趣、有价值，足以打动人心，就可以获得更多的关注、更多的分享。

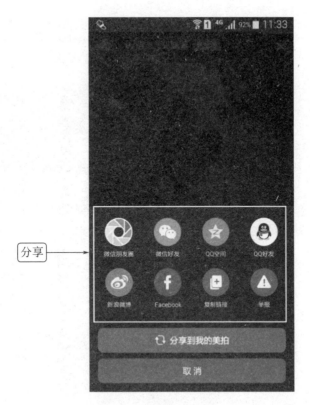

图3-10 直播转发界面

企业在做营销时要想让更多的人知道自己的产品或服务，必须要在内容上做好功夫。只要传播的内容能够打动人，人人都会成为好的传播者。

3.6 时代性：符合年轻网民的情感表达需求

与其他网络媒体不同，网络直播有着天然的时代特征，这是因为大多数网络直播平台所传递的信息迎合了特定人群的需求。从Papi酱到同道大叔，从健身到美食，从情感分析到星座、养生等，内容应有尽有。

案例7

美拍曾围绕2000年后出生的孩子开展了"00后假唱大赛"，小朋友们演出十分有趣；还曾组织过"情人节我们在一起""最强吃货PK赛"等活动，吸引了不少粉丝参与，如图3-11所示。各路吃货尽情地展示，有鲍鱼、龙虾豪华大餐，也有吃泡面、咸菜等视频，总之他们比拼的不是吃什么，而是如何吃，吃出花样，这就是这一代人的兴趣点和关注点之一。

图3-11　美拍为粉丝组织的各种有趣的活动

综观各大平台可以发现，基本都偏向文娱、旅游、饮食等非主流文化，如舞蹈、音乐、美妆、美食、精彩生活等，各种各样的垂直领域内容满足着特定人群的社会需求和心理需求。如表3-2所示为各主要网络直播平台的直播内容类型，以及所吸引的群体特征。

表3-2　各主要网络直播平台直播内容类型

平台名称	内容类型	用户特征
斗鱼、虎牙、火猫	游戏类	以80后、90后男性为主，收入中下游
映客、花椒、美拍	真人秀类（明星）	以90后、00后男性为主，收入中下游
微吼、疯牛、美拍	专业领域类	以80后、90后男性为主，收入中上游
淘宝、聚美、唯品会	购物类	女性较多，多以大学生、白领、家庭妇女为主，收入中上等
YY、斗鱼、美拍	娱乐类	女性较多，年龄偏小，收入中下等

游戏、真人秀、搞笑等非主流文化吸引了一大批80后、90后以及00后人群。根据相关统计数据分析结果发现，直播用户呈现出年轻化、城市化的特征，15～40岁的人群占到80%以上，其中25～30岁的人群最多，占到总人

群的36.6%；性别上以女性为主，地域上集中在大中城市、中等收入人群居多。直播用户群体特征示意图，如图3-12所示。

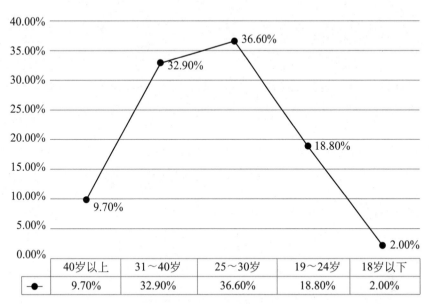

图3-12　直播用户年龄分布

90后一代，可以说是伴随着网络一路高歌成长起来的，享受着网络所带来的高效、便捷。这样的群体，他们对直播有着一种独特的情感，工作、学习以及生活的衣食住、吃喝玩、娱乐、交友等都离不开网络。总是希望及时了解到最前沿的娱乐资讯、最真实的新闻事件、最好看的景区实景、美食的制作过程、生活中的实用技巧……

正是有着这样一群特殊的群体，直播才能很快地发展起来。从某种程度上来说，正是这一人群的关注，网络直播平台才得以有如此大的影响力、曝光度。据此，不难看出关注直播人群的绝大多数为90后、00后以及中等收入都市女性，如图3-13所示。

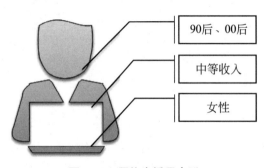

图3-13　网络直播用户群

其实不止是90后，包括更小的一代人也开始喜欢看网络直播或做主播。换句话说，无论是收看网络直播，还是梦想着当一名主播，这类人至少具有两大特征，具体如下。

（1）热爱新鲜事物，富有创造力

网络直播，能最大限度地抓住受众的注意力，可多角度、全方位地调动受众的感官。例如通过图片、声音、实时反馈以及行为参与互动，来刺激用户的视觉、听觉、触觉等，即可产生情绪上、情感上的共鸣，让其享受到心理上、精神上的愉悦体验。

用户在直播平台上看实景比看图片直接；玩游戏，可以多人互动，找到共同话题；看明星网红，可以满足对明星生活的好奇心；看各地新闻，可以直接感受生活上的差异。网民通过网络直播可以收看到的内容很多，其中以娱乐类、生活类居多，在线直播收看类型如图3-14所示。

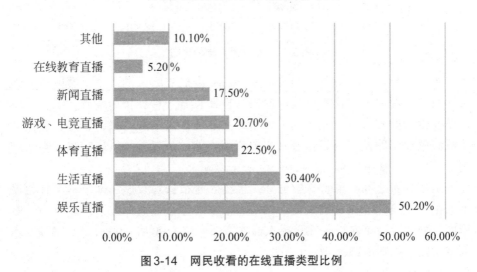

图3-14　网民收看的在线直播类型比例

总之，用户可以通过网络直播进行实时互动。而这种方式，正是利用了人们在工作、学习之余的碎片时间，使其获得精神上的愉悦感，这是人性，也是当代人在繁忙的工作和压力之下的一种自我释放，并将逐渐成为越来越开放的潮流。

（2）喜欢社交，乐于分享

成长于移动互联网时代的90后、00后，他们非常依赖移动设备，同时性格外放，愿意而且容易接受新鲜事物。同时，这一人群的社交性也非常强，喜欢社交，乐于分享，无论是认识的还是不认识的，无论是线上的，还是线下的，都会主动交往；即便是生活中的一个小细节也乐于与大家分享。如展示自己穿的服饰、戴的装饰、做的美食，以及自己的生活。

而且他们非常渴望和珍视友情，在网络直播中的表现，也符合爱憎分明的特征，如果对直播内容喜欢，就会表现出极强的消费欲望。自由、随性、个性是这一代的标签，他们敢于表达自己的思想，释放自己的情感，也许这正是未来市场的发展趋势。过去，人们之间的交流大多限于熟人之间（陌生人之间深入交流不多，缺少媒介和渠道），以文字、电话方式为主，相互接触互动非常有限。

以上两点说明，粉丝群体和社交形态的变化，进一步促使了直播在最短时间内，最大可能地扩散和曝光。因此，当一条创意非常好的直播发布后，很快就会被大量关注和转发。

第4章

功能——利用网络直播可以做什么

网络直播之所以深受欢迎,追根究底还是因为可承载更多有价值的内容。尤其是对于主播而言,通过网络直播可表达自己的思想和观点,向更多人发出自己的声音;展示自己的才艺,与更多的人分享和共享;最主要的是可通过商业化运作名利双收,甚至一些网络大V、直播网红就是以直播为业,开辟自己的另一片天地。

4.1 才艺展示：有才就要大声说出来

网络直播为什么如此火，最重要的一个原因就是通过网络直播大家找到了一个适合自我表达的出口或方式。从心理学角度来讲，自我表达是一个人的心理需求，人是独立的心理存在，更是思想、情感的存在，每个人都有自我表达的欲望，当人的内心在达到一定阶段后就有展示出来的需求。

综观所有的网络直播平台，秀场直播是最火爆、关注度最高、参与性最强的直播平台，各种秀、各种晒也几乎成了整个网络直播行业的主流。很多主播进行直播，就是为了充分地展示自己，展示唱歌、舞蹈、厨艺等才艺。通过才艺的展示，结识相同的爱好者、仰慕者或粉丝，进而进行互动与交流，达到精神上或物质上的满足。因此，网络直播平台便成了很多人秀才艺的主要平台，很多才艺达人也崭露头角。如舞跳得特别棒的舞蹈达人，魔术表演很吸引人的魔术达人，歌唱得特别好的歌曲达人，漫画画得特别好的漫画达人……

案例1

擅长鬼舞步的舞蹈达人小可酱，有着甜美歌声的中国好学姐周玥，她们通过网络直播与粉丝分享精彩的才艺，或学习的经验，或与才艺有关的其他经历。据悉，小可酱经常在直播中晒自己练习舞蹈的过程，其艰辛历程打动了很多粉丝，成功吸引了20多万粉丝关注，如图4-1所示。

图4-1 小可酱的粉丝

案例2

如图4-2所示为一草根魔术师的魔术直播截图，他的魔术深受观众欢迎，在花椒直播上获得28.1万的点赞。魔术是观赏性非常强的一门艺术，适合现场直播，有时一场直播可重复播放多达百次、千次，可谓百看不厌。

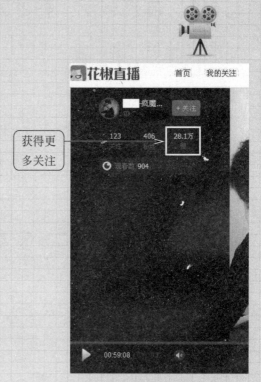

图4-2 魔术直播获得大量点赞

通过网络直播展示自己的才艺，不但能获取大量的粉丝和关注，获得情感上的满足，还可以赚钱。只要才艺足够打动人，就可以获得粉丝的打赏和送礼物。如图4-3所示为某外国小伙直播展示自己的中文，获得了大量粉丝的认可，不少粉丝都送上了"礼物"。

图4-3 外国小伙秀中文引关注

案例3

图4-4所示是一名手工师傅的直播视频，五颜六色的毛线在他手中几分钟就可以编织成手工艺术品。从表面上看，这只是手艺的展示，其实只要仔细观察视频下面的文字就知道实际上是在收学徒。每个视频都是一段教学教程，不过还真有不少感兴趣的粉丝想学习这门手艺，通过留言等方式与主播取得联系。

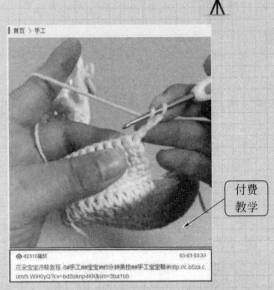

图4-4 手工师傅的直播视频截图

提到通过网络直播来赚钱，大多数人一定对"表情帝"傅园慧记忆深刻，凭着里约奥运会上几个古怪表情而被大家熟知。奥运会结束后，她在映客上做了一场网络直播，令所有人没想到的是这场网络直播将她的超高人气表现得淋漓尽致。据悉，这场直播只有1个小时，从8点到9点，1个小时的直播观看人次竟超过千万，页面获得的礼物数量更为庞大，超过318万（318万颗钻石）。有人计算过，按一颗钻石1毛钱算就是318531.2元，按规定可以提现99541元，近10万元。尽管傅园慧明确表态不会提取这笔钱，但至少说明一个问题，通过网络直播展示自己的才艺完全可以赚钱。

因此，网络直播是一个非常好的展示才艺的平台，无论出于什么目的，由于在视觉、听觉方面有良好的体验，可使一个人的才华得到淋漓尽致的体现。所以说在网络直播的大舞台上，只要有才就可以来直播。还是那句话，自媒体时代每个人表现自我的渠道更多、内容更丰富、回报也更大。

4.2 自我推广：提高知名度和声誉

与上述单纯地进行才艺展示不同，还有一部分主播是出于自己的工作、职业所需而进行网络直播，希望通过网络直播来吸引更多的消费者、关注者，从而扩大自己在业界的知名度和影响力。这一部分人所发的内容多与自己的工作相关，如记者会直播自己采访的过程，化妆师直播与化妆有关的内容，心理师直播与心理辅导有关的内容等。

案例4

现如今，不少化妆师、育儿心理师等通过网络直播来进行自我推广。如图4-5和图4-6所示分别为某化妆师的直播演示、某育儿心理师通过直播开设的宝宝辅食微课堂。

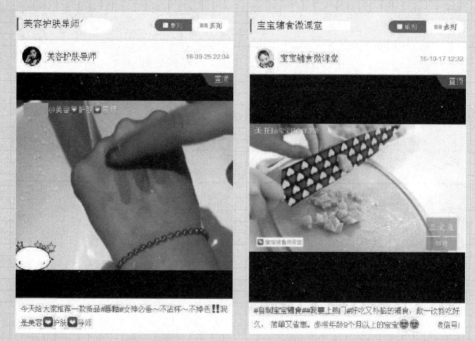

图4-5　某化妆师直播现场演示　　图4-6　某育儿心理师开设的宝宝辅食微课堂

上述图中化妆师主播通过实操演示，向关注自己的观众、粉丝传授化妆技巧和诀窍；心理师则是以授课的方式来解释某一个心理现象，语言简练、简单易懂，可让粉丝以最快、最简单的方式了解相关知识。

这些都是出于职业所需而发布的直播，暂且把这类人定位为行业精英。对于行业精英来讲，为了更好地开展自己的工作，很多时候非常有必要开辟一些独特渠道，一方面可以很好地宣传自己，树立自己在业界的影响力；另一方面还可以实现引流，将线下消费者转移到线上来，以流量来带动赢利。

案例5

典型的例子就是罗辑思维直播卖书。罗辑思维——罗振宇被誉为自媒体"首富",是互联网时代的一匹黑马。在他创造的众多"奇迹"中有一个典型的事件,那就是卖书,1个半小时进账400万。他是如何做到的呢?其中最重要的一个途径就是直播,他同时在小米、映客、斗鱼、淘宝、优酷等网络直播平台直播卖书。他的方式是每天推送一段60秒的语音,每天可以回复不同的关键词,获取一条链接内容,而这个链接就是在推送所卖的产品。

当时,罗辑思维的粉丝已经几百万,按微信公众号平均打开率5%来算,每天有30万人打开回复的链接阅读,假设按1%的购买率来算的话,每天的交易额都是一个很可观的数字。

其实,关于这件事情,不能看作是一种买与卖的行为那么简单。与出版机构传统的卖书方式不同,直播卖书与其说卖的是书,不如说卖的是文化、人气。逻辑思维在卖书的同时融入了书的一个趣味组合,除了书本身,还有很多附加价值的东西放在里面。

据悉,罗辑思维本身就是最会"读书的人",历经一年多时间每天早上6点半风雨无阻的60秒语音和推送文章,76期的精品视频节目,其选书品位和眼光,评书的角度和口感,都已形成强大的信任积淀。这个长期播种的"信用账户",成为购买者选择通行最畅快的绿灯。

最终形成的结果是粉丝得到书后会心一笑或者悠长感叹,同时又与社群的气质毫无违和感。

鉴于此,行业精英也可成为网络直播的主体,可以定位为自我形象的塑造和推广。然后以此为中心,创新意识、精选内容,将工作融入到社交的乐趣中,既可以提高工作的效率,又可以增加额外收入。

4.3 知识传播:与粉丝互动强化粉丝黏性

网络直播作为一个才艺展示、自我推广的平台,是基于主播自身而言的,主要是围绕"自我"这个中心点向周边扩散,以实现主播自身价值为目的。换位思考一下,如果将这个中心放在对面的观众、粉丝,那么网络直播平台的作用将会无限放大。

所以,可以把网络直播定位为一个供观众、粉丝学习、休闲和沟通的平台。主播搭建一个平台,就是为了让大家可以聚在一起学习和交流。在这个过程中，主播就是粉丝的组织者、服务者。在一个组织中，或者说群体中，一名优秀的组织者、服务者，自然是焦点，万人瞩目。当所有的目光都聚集在这个点上时，那么这个点的品牌力、影响力自然会得到提升。

假如在直播中直接卖化妆品，其结果很可能是遭到观看者的反感，或干脆退出观看。但换个方法去做这件事，在向粉丝展示、推销化妆品的同时，配合着一些化妆、美容方面的知识、技巧，那么，不仅可以激发起大众的参与性和求知欲，还可以使受众自然而然地接受产品。

一个消费者看直播不只是为了购买产品，还可能是为了获取信息、体验乐趣或生活中的其他技巧。例如，美甲视频可以教用户美甲技巧；保险从业人员可以利用网络直播为用户提供一些理财知识等。

案例6

图4-7所示就是一个专门做美甲的主播，在推销美甲工具和美甲业务的同时，还教用户如何掌握自己美甲的小常识。

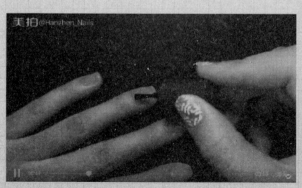

图4-7　美甲工作室的美甲教学视频

这样做网络直播不仅可以使主播更容易全面地展示自己的产品和服务，还能够深入地与粉丝交流，了解粉丝需求，强化粉丝的忠诚度。

案例7

以小米公司为例,其官方微视账号小米公司,旨在通过视频为小米用户解决产品在实际运用中出现的问题。如图4-8所示是小米公司在微视上的一段直播视频,视频重在告诉用户一个大多数人不知道的拍摄小技巧。通过观看演示,用户可轻松学会拍出更好的照片,留住最美好的瞬间。

为了更好地传播知识,小米公司还不断对内容进行优化,以更生动、更生活化的方式向用户展示在使用小米手机的过程中常遇到的问题。例如,"两个人通话,对方那边侃侃而谈,而自己这边却无法听清",这个问题相信很多用户都遇到过,该怎么解决呢?

视频中采用情景演示的方式分析这个问题,情景是一位员工突然接到老板的电话,当时老板正在气头上,老板快速地把事情交代给这位员工,并告诉员工他只说一遍,就把电话挂了。然而员工根本就没听清楚老板在说什

图4-8 小米公司直播教学视频

么,也不知道该如何做,很是痛苦。这时小米就用剩下的几秒钟,把如何设置手机以便智能记录通话内容的方法快速地演示了一遍,用户一下子就看明白了。

这种先用真实场景演绎生活中遇到的困难,然后给予解决的方式,让用户观看后记忆非常深刻。这种形式比文字和图片更直接、快速,让用户看得懂、学得会。

从上述例子来看,网络直播平台可以定位为一个知识传播的平台,至少要具有这样一个功能,才能迎合用户的需求。

网络直播改变了大家学习知识、接受知识的方式,以往学习和了解某方面的知识,都是通过网站、微博、微信等,这些方式以图文为主,有些单调,

再加上有些知识本身就比较深奥，单从文字、图片上很难理解。比如，网站信息往往因内容过多、过杂而无法看下去，一篇文章几千字，甚至几万字，很多时候用户看个开头就没心情了；而微博又有字数限制，140字很难说明问题，虽然也可以加图片但信息量也非常有限；微信比较方便但相对封闭，如果用户不知道，或者没有关注到该账号，所发布的内容永远不为人所知。

相比较而言，网络直播却可以填补这些缺陷，通过视觉、听觉来生动地表现，使信息接受度更高、更容易。这种双重效果带给用户的感受是不一样的，毕竟人在接受新事物、新知识时都有一种懒惰心理，最简单的就是别人直接告诉你怎么做，并一步步演示如何操作。学习方式越简单，接受度越高。因此，如果将网络直播打造成一个知识性平台来克服用户学习上的惰性，可充分体现出网络直播在传播知识上的功能。

4.4 情感交流：尽情地释放自我

情感交流也是网络直播的一项重要内容，相当多的一部分主播做直播并无特定的目的，只是为了与有着共同兴趣爱好的人交流。网络直播最初的定位就是社交平台，社交其实就是一种情感需求。所谓的社交平台就是供大家相互交流、加深感情，大多数网络直播平台也是按这样的轨迹走的。

很多网络直播平台在发展之初，就被定位了社交的属性。

如微视的定位，这款由腾讯于2013年9月27日推出的微视频应用，定位非常明确，尽管没有直播功能，但却为直播的发展奠定了良好的基础。其定位是打造一个高度开放的8秒视频分享社区，用户可将自己拍摄的小视频上传到平台，同时也可分享给微信好友、朋友圈、QQ、腾讯微博等。

秒拍是一个较早带有直播功能的社交软件。正式上线后，其关注度快速上升，上线不到两天，在App Store上就跻身社交类免费应用的前10名，不仅有很多普通用户，甚至连不少影视明星、模特也纷纷入驻。

另外，YY、斗鱼、乐播、趣拍、微拍等网络直播平台也沿用了这样的思路，走的是"大众娱乐"路线，实施"直播+快乐"的泛娱乐战略。

网络直播的出现是时代的必然产物，一方面，出于大众的社交需求被大量发掘；另一方面，人们对深入性社交的需求越来越高，以往那种单向传播的社交模式已经不能满足大众的需求。

网络直播是现代人社交的高配，使人与人之间的信息传递从文字进化到图像、影像。这在一定程度上迎合了人们的对信息接受方式的转变。

案例8

@小米手机是第一个试水网络直播营销的企业，在对品牌营销的不断实践中，将商业和信息完美融合，逐步摸索出了适合自己的独特良方，从而避免了营销成为粉丝热度下降的最大顽疾。而这一药方并不复杂，就是从搞营销向搞关系转化，搞好客户关系自然就有了客户。具体来说，就是将娱乐和营销进行深度融合，以极富创意和观赏性的短视频内容来打动用户，从而引起用户产生发自内心的一种认同感，而非霸王硬上弓式的强行推销。

对很多企业来讲，令他们难以抉择的是，在网络直播的过程中，是突出社交属性，还是突出营销属性。如果过度地偏重社交属性，则无法达到营销的目的，而过度地偏重营销属性，掉粉现象又非常严重。其实，同时拥有两种属性并不冲突，企业作为一个赢利性组织，从理论上讲应该坚持走营销之路，将网络直播打造成营销工具。但是，从消费者的角度来讲必须回归它的社交属性，适当地突出网络直播的社交属性也很有必要。因为现在钟情于网络直播的群体大都比较年轻，他们的消费理念比较前卫，需求趋于多样化，对某个品牌忠诚，可能不仅是因为该产品最棒，而是系于某种情感，如虚荣心、成就感、满足感、荣誉感等。

从现代营销的趋势来看，销售产品不能再直接去吆喝，而是需要谈感情、拉关系，更何况现在是一个粉丝经济时代，粉丝买的不是产品而是情感。从这个角度来看，企业对网络直播的定位也必须回归社交。回归的核心就是将网络直播平台再次打造成一个企业与用户交流的基地，让所有人都可以畅所欲言，表达自己的观点、看法和想法。

因此，完全可以将网络直播打造成一个与粉丝交流思想、沟通情感的平台。毕竟网络直播具有天然的强娱乐属性（网络直播平台是所有社交平台中唯一能玩，且能玩出不同花样的平台）。

4.5 直播卖货：协助产品进行推广和销售

网络直播不仅是主播展示自己、向外界传播知识、与粉丝情感互动的途径，还可以用到商业推广中，成为商品宣传和销售的一种线上渠道。现在很多主播在集聚了一定的粉丝量、有了一定的名气后，便利用网络直播开始销售产品，同样取得了不俗的业绩。

可见，网店+主播，已经成为一个成功主播的标配。

案例9

图4-9所示是某微商通过网络直播展示产品——孕妇护肤晶，15秒的网络直播让观众清晰地了解到该产品的整体外观、具体功效等。

图4-9 微商通过直播展示产品

可见，网络直播的营销价值也非常强大，与微博、微信等新媒体一样，网络直播也是一个有效的营销平台。通过网络直播不仅可以展示产品、做促销活动，还有一个很大的优势：以文字、声音、图像相结合综合性地展示产品，将视觉享受与购买行为完美地结合在了一起，使观看者很容易兴奋起来。

网络直播比单一的图片、文字描述更震撼，通过成功地吸引观看者的好奇心，将大多数人的关注焦点转移到视频里的主角——产品上。再加上能很好地将人们的碎片化时间捏合在一起，因此网络直播被喻为是全网营销时代最好的营销渠道之一。目前，有很多企业开通了网络直播平台，通过网络直播向用户展示企业产品、服务和文化。

案例10

2014年11月小米超薄移动电源刚问世，便面向全球粉丝发布了一段网络直播，该段视频只用了14秒时间展示。这14秒的展示目的不是让看到的人完全了解该产品的所有功能、属性，而是告诉他们有这么一个新产品问世了，意在引起更多人的关注。同时，通过简单的文字介绍和视频介绍，让大家对其有一个初步印象，或者形成二次转发，从而吸引"米粉"们购买、转发或分享给自己的亲朋好友，如图4-10所示。

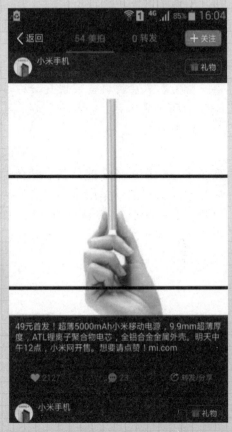

图4-10　小米超薄移动电源全球发布视频

　　微视、美拍等直播平台最初只是作为一款娱乐类应用而存在，供一些网民通过直播来表达思想、观点和情感。而随着互联网越来越开放，很多网络直播平台已逐步与商业活动挂上钩，例如被众多企业，尤其是互联网企业、电商等开始重视，并逐步向宣传、推广和营销方向转变。至此，网络直播平台已经不只是一个软件那么简单，而是成为了企业赢利的前沿阵地。

　　上述案例展示出了网络直播的魅力，也说明将网络直播打造成一个品牌、产品的展示平台是完全可以的，不但可以对品牌、产品进行有效宣传，而且可以通过视觉上的冲击力潜移默化地影响消费者，这比告诉用户1万遍产品有多好来得更有效、更震撼。

网络直播的价值，在于以最短的时间、最捷径的渠道、最方便的模式将产品展示给用户，与传统的宣传方式相比，有着巨大的优势。而传统的宣传方式只能采用发布会、媒体报道、PC端视频来展示，整体传播速度比较慢，用户接收的时间也比较长。

值得注意的是，在利用网络直播进行展示产品时，需要抓住最核心的内容，瞄准客户的迫切需求，以便让用户快速获取所需的东西，如信息、知识、快乐或者其他需求等。

可能有人会怀疑，仅仅几分钟，或者几秒钟的小视频怎么能够展示出一个复杂的产品体系、企业形象呢？要知道，传统的做法尚需要几十分钟，甚至一场发布会。

有这样顾虑的人，说明还是对网络直播不够了解，或者思维根本没有转变过来，仍在用传统的营销思维在考虑问题。网络直播是一个移动化、社会化平台，其目的就是用来满足人们碎片化的需求——即在尽量短的时间内得到满足，5分钟、1分钟、8秒钟，甚至5秒钟内。有数据表明，网络直播平台由于投入小、成本低、操作方便，带来的利益远远超过以往任何一种宣传渠道。

第5章

赢利——通过网络直播如何赚钱

从变现角度来讲,主播赢利的主要渠道就是靠接拍各大企业、电商的赞助、广告,以及粉丝打赏等形式。广告、打赏是最初始阶段的变现模式,而电商和网红则是目前最有利的变现模式。很多直播网红都建立了自己的个人品牌,或与电商平台合作实现变现。不同类型的直播其变现方式有所不同,因人而异、因时而异才是正确的选择。

5.1 开网店：利用粉丝量带动销量

现在很多网红主播都有自己的网店，网店也几乎是成功主播的标配。有的主播自营网店，有的则是受电商平台的邀请成为网店主播，利用自己的人气为平台推销商品。

互联网时代是粉丝经济的时代，利润的增长主要依靠粉丝的带动。淘宝销量排名前10的女装店铺中，"网红"店铺占了7个，也就是说有网络主播背景的店铺占到70%。这说明网店也离不开粉丝经济学的营销手法，粉丝就是流量，依靠"流量变现"就是粉丝经济的核心。

如今，许多主播都转型开起了淘宝店，尤其是那些退役的职业主播，一方面，自带大量粉丝，有网络直播经验；另一方面，要有大把的时间来经营和管理。

案例1

模特起家的张大奕，被誉为淘宝第一网红，坐拥400多万粉丝。2014年7月正式开通自己的淘宝店——吾欢喜的衣橱，开业一年店铺四皇冠，成为网红店铺中唯一挤进全平台女装排行榜的C店。

这是一个独具风格的店铺，与很多品牌不同的是，既不走名媛风也不走可爱风，而是坚持自己的张大奕风格。从最开始的买手制，到后来自建工厂打版生产，努力保证产品的差异性和品质。同时，她以粉丝的需求反推供应链，尊重粉丝意愿，与其产生强互动，始终以粉丝的需求为先。

除了自营网店外，主播还可以与电商平台合作。与自营网店相比，跟电商平台进行合作难度比较大，尽管现在很多电商迅速接轨网络直播卖货这一趋势，阿里巴巴、京东商城、聚美优品、唯品会、蘑菇街、蜜芽等大小电商平台纷纷开辟了专门的直播频道。

不过，由于网络直播卖货对主播的综合素质要求较高，再加上目前适宜用网络直播来销售的商品品类毕竟相对还较少，很多主播很难有这方面的发展机会。正因为如此，主播开网店卖货才有个奇怪的现象——跟风。

经常关注电竞直播的粉丝都会对"肉松饼"一词十分熟悉。自2015年以来，只要随便点开一个电竞解说直播平台，绝大多数都会以该词来开头。以至于许多主播的开场词都不用费力去想，直接一句："各位最亲爱的观众朋友们,又到了大家最喜爱的淘宝推荐环节,视频开始之前我先给大家介绍一下我家的肉松饼……""大家好,我是成都的肉松王……",有些主播还配以精美的视频,打造"舌尖上的电竞",视频的开头、中间、结尾,全程带有"肉松饼"的香气。

难怪有人开玩笑,是肉松饼拯救了电竞(解说)圈。其实"肉松饼"只不过代表一种现象。综观时下的电竞直播大环境,"当主播就是为了开网店"似乎已经成了一条理所当然的"潜规则"。许多主播都前仆后继地开起了网店,卖的也清一色的都是上面那些产品。与此相似的还有"服装""牛肉粒""牧马人"等。

所以,开淘宝店视频+淘宝模式,是赚外快的主流形式,也是现阶段关注度变现最稳定最可控的手段。

不过,对于主播来讲,正业仍是主播,必须将主要精力放在为粉丝提供喜闻乐见的直播内容上。毕竟,主播开淘宝店卖的是人气,简单来说是靠自身的影响力赚粉丝的钱,大量、经常性的推荐自己的店铺很容易破坏与粉丝长期建立起来的情感。如果只在一些特定时间节点,偶尔推出自己的商品,或许粉丝还会买单,不至于招致反感。

5.2 广告植入:吸引商家投资广告

广告植入,是指在直播内容中直接或间接穿插广告,以前经常出现在电影、电视剧中,如今在视频直播中也随处可见。从广告传播学的角度来看,这种在电影、电视剧、网络视频中植入的广告,是非常好的一种宣传方式,可大大增强产品曝光度,品牌影响力,甚至直接带动销量提升。

案例2

备受大众喜爱的美剧《生活大爆炸》在第17集中就出现了舒化奶的植入广告。当谢耳朵与克莱皮克为争夺新办公室谈判时,舒化奶就放在了面前的茶几上,被镜头扫过数次,如图5-1所示。这一幕尽管没有特写,也没有提及台词,但中国观众却立刻发现了,因为画面中有熟悉的品牌。

谢耳朵与他的《生活大爆炸》是近年来国内美剧迷们热捧的电视剧之一,并且随着《生活大爆炸》的版权被某视频网站引进,中国的美剧迷现在已经可以与美国观众同步观看最新的剧情,这为本土品牌的广告植入打下了广泛的受众基础。

图5-1 《生活大爆炸》植入舒化奶广告

舒化奶这一广告的植入相信也在很多美国观众心中留下了深刻印象，反过来讲，广告对这部美剧的宣传效果也是异常明显的，不少非美剧迷也纷纷下载这一集观看，这也使引进《生活大爆炸》版权的视频网站顺带火了一把。

通过广告植入来盈利是主要的盈利方式之一，曾经影视、微博、微信、APP都采用过。随着网络直播的火热，再加上良好的播放效果，超高人气的带动，很容易吸引一批企业、品牌在其中植入广告。据IDC曾经的调查数据显示，超过50%的企业愿意在网络直播中植入广告。

案例3

喵大仙最初只是活跃在很多网络直播平台上的一个年轻人，以段子视频走红。2014年7月，她以"喵大仙带你停药带你菲"为名在美拍上上传和发布各种视频，时而英俊呆萌的小伙，时而算命先生，时而时尚女神……百变的形象引发众多粉丝追捧。

通过精心布置的段子内容、巧妙的剪辑手法，喵大仙在美拍上人气超高，粉丝已有200余万，现在已被美宝莲、唯品会等各大品牌看中，邀其为产品代言，如图5-2所示。

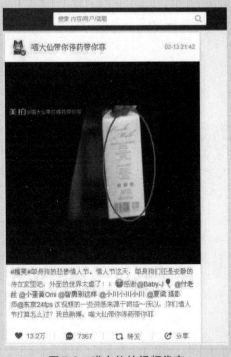

图5-2 喵大仙的视频代言

同时,一些网红的直播中通常也会植入很多广告。例如,大胃王密子君,她在与粉丝分享自己吃的视频中也植入了很多广告,或者直接打出宣传语,或者隐形地植入产品信息;例如,陈翔六点半在自己的视频中就打出了某品牌T恤广告等等。其实,这正是网络直播平台的一种盈利模式,通过植入广告实现盈利。如图5-3所示为大胃王密子君暴吃背景中的广告植入。

图5-3 大胃王密子君的视频代言

网络直播通过精准的、庞大的流量导入，可以吸引各类企业、品牌前来投放广告，网络直播则可通过导流收取费用。据一项调查显示，广告收入是网络直播经济中的主流变现模式，占比达50.6%；其次是开网店，利用电商导流，占到28.5%；线下活动以及其他方式也可带来一定的收益，但占比都比较小。

5.3 广告代言：为企业、品牌做代言

提到"代言"，大家首先想到的是行业大咖、影视明星，因其拥有较高的身份、地位和社会影响力，常常成为大企业、大品牌关注的对象。广告代言，一方面，是可望而不可即的大企业、大品牌；另一方面，是高深莫测的明星、大咖，离我们普通人总是那么遥远，靠代言来赚钱似乎有些不易。

然而，自从网络直播兴起后，"广告代言"的门槛越来越低，对于普通大众来说完全可以做到，有些草根网络主播凭借着大量的粉丝名正言顺地做起了代言人。

案例4

糗事百科是美拍网络直播平台上非常受粉丝欢迎的网络直播团队，有着丰富的内容资源和粉丝基础。为此，与不少企业进行了广告合作，如图5-4所示就是某游戏商动漫网游幻想神域在糗事百科直播账号上的广告。

图5-4 糗事百科视频植入的游戏广告

通过这样的模式合作双方都是受益者，国美宣传了自己的品牌，从中得到了更多的客户；而糗事百科也获得了一定的赢利，知名度和美誉度也能得到大大提升。

网络直播代言与传统营销中的代言是一样的，名气高的主播其代言费也高。以某些视频工作室及播客品牌为例，其每期在各大视频媒体平台的播放量低则100万次，更有甚者播放量达到500万次以上。这样大的播放量，使他们与视频媒体平台签约，规定达到一定播放量后，视频媒体平台会向其支付广告分成费用。

不过值得注意的是，通过代言来赢利并非一件容易的事，在实际操作中需要注意很多细节。首先，代言对象的选择非常重要，要考虑到粉丝群体的类型、自身的风格和特征，必须结合这两点去找代言对象。

其次，需要考虑报价问题，当成为一个品牌的形象代言人后，就需要明码标价，以显示自己的身份，一位优秀的主播代言费高达百万元人民币，当然，数额的确定是综合性的，要结合自己的资历、代言的产品综合考虑。

案例5

梦想网络直播上的一位女主播与国内一手机厂商签约，正式成为该品牌的代言人，代言费高达3000万元人民币，使她一举创下主播代言费新高度，成为当下梦想网络直播广告收入的第一人。据悉，该女主播长相甜美、性感，网络直播形式多样，能唱歌、跳舞，还能说段子，时而女神、时而女神经的独特风格，拥有近3000万粉丝。

关于代言费一定要谨慎，既不能过高，又不能过低。能够做到百万元人民币代言费这个身价的，不仅需要为代言对象快速扩展市场，在短时间内获得消费者的认可，还不能有任何负面影响。

总之，做代言已经成为一个较高层次的商业活动，需要有较大的粉丝群体，在业界有较高的影响力，而且大多数是团队运作，不适合个人（超级网红除外），或者影响力较小的主播。

5.4 受聘企业：为企业提供增值服务

网络直播主播大致可分为两大类，一类是职业主播，另一类是草根播客。不过，网络直播业这一职业尚未规范化、制度化、职业化，大多数主播属于草根播客，或游走在职业、半职业边缘。不可否认的是，向职业主播奋斗这已经成为许多主播的目标。一旦成为职业主播就意味着有了一份正式的工作，可以签约于KOL经济公司，通过包装、运营、公关，实现赢利的目的。

草根主播的收入极不稳定，而且基本上靠网络直播的猎奇内容和兴趣爱好来吸引粉丝，持久性较差。而一旦升级为职业主播，就会有专门的团队来包装、打造，就像演艺界的明星，一旦有经纪公司打造，其知名度很快就会得到提升，被更多的人熟知。因此，足够优秀的主播完全可以向职业主播进军，大树底下好乘凉，依靠网络直播平台、娱乐公司等大平台，才可能更好地施展自己的才华。

不少大的网络直播平台、娱乐公司都在不断扩充自己的网络直播人才队伍，对于特别优秀的人才不惜花高价邀请。如图5-5所示为某招聘网站上2017年的招聘信息。

职位	城市	薪资/元
视频主播运营、星探、模特演绎经纪人	杭州市	8000～9999
招聘主播	哈尔滨市	8000～9999
主持人、主播	合肥市	2001～2999
网络主播	北京市	4000～4999
诚聘网络主播	深圳市	15000～19999

此信息仅供参考，不具有任何指向性

图5-5　招聘信息中网络直播主播的薪酬普遍较高

案例6

某游戏网络直播平台为准备游戏联赛，决定花高价聘用高端主播。由于高端的联赛资源为TGA等官方平台所掌握，该平台需要支付连同主播费用在内的所有与活动有关的费用。两个月的活动经费总计将近500万，稍微好点的主播费用都超过了1万/月，优秀主播每月3万～5万，甚至更高。

例如，苏宁为了更好地开展电子商务，就公开邀请网红直播购物，并根据主播的级别，其实就是拥有粉丝量的多少，提出了不同的要求：TOP级主播就可造访苏宁南京总部，享受吃住全包的待遇；热度主播，则不需要到现场，在活动期间只做口头宣传即可。

> **招聘网络主播网红活动单：苏宁电器南京总部直播包食宿**
> **（线上+线下直播）**
>
> 【苏宁818商务单】需要女主播818名，其中TOP级主播8位，2016年8月17日造访南京苏宁总部，直播三小时，包食宿。热度主播50名，活动期间为活动口播宣传（不需要到现场）。其他主播760名（不需要到现场），活动期间为活动口播宣传。
>
> 要求：
>
> TOP主播：提供数据主播平台粉丝、微信、微博粉丝、直播最高峰值和综合值，收到礼物情况和商业介入能力的以往经历。
>
> 热度主播：真实粉丝5W+，各个平台热榜前10，简单介绍、年龄、所在地、接过哪些品牌。

平台会分一部分提成给主播，如战旗TV的大宝剑，映客的跑车、游艇等，将虚拟道具费用直接分给主播。不同的平台，其分成比例也不一样，差异较大，少之10%，多则60%。可见，这也是主播最常用的一种赢利方式。

为降低用人成本，很多平台也开始自己培养主播，不过，值得注意的是，这种自己培养的方式对平台方有利，但常常遭到主播反对，因为自由度较低，一个人的职业生涯基本上固定在这个平台上。有的平台会在培养之前与被培养人签署一个独家协议，协议中明确要求可以做什么，不可以做什么，违规后将会受到什么处罚等。这个"独家协议"既是平台对自己利益的保护，又是对主播资源的一种独占。

5.5 做明星主播：受邀参加商业活动

明星主播是行业内的佼佼者，用现在影视界非常流行的一个词来讲那就是一个大IP。IP从它本身的意义来讲是知识产权的意思，从广义上讲已经成为一种文化现象，泛指那些有着巨大商业价值、有着忠诚粉丝量的文学作品、影视作品、人等。现在很多网红主播也跨入了IP行列，具有了IP效应，不仅在各自的领域有超高的人气，还可带动相关领域的发展，成为跨界高手。

一个成功的IP始终围绕商业价值进行，而且这个价值最好延伸到不同领域，得到最大限度的挖掘和开发。当主播成功晋升网红后，其IP效应必然会越来越大，这时可利用这种效应让价值外溢，利用开发和经营衍生品赚钱。

当前电竞直播有很大的发展潜力，被誉为直播行业的"第二春"。一些电竞主播便利用这种优势做周边产业，如售卖衍生品、提供相关服务，从而为自己的赢利带来了新机会。

案例7

　　LOL某高级玩家，同时也是YY直播上的一名电竞游戏主播，依靠优秀的表现拥有百万以上的直播订阅量，也赢得了不少忠诚粉丝。随着在业界的名声越来越大，身价也大大提升，成为电竞游戏直播界的网红IP，各大网络直播平台，纷纷通过赞助或签约的形式邀请他进行直播解说。为此，他开设了游戏主题的淘宝店，专门向粉丝售卖与游戏有关的装备等衍生品。

　　随着网络直播平台的兴起，优秀的主播在积累到一定粉丝后，便进入了网红IP行列。利用自己的影响力，售卖商品、出版图书、受邀参加媒体专访、做相关代言、参加线下活动等各种商业活动。

案例8

　　2016欧洲杯期间，为了让中国球迷更欢乐地看球，解决球迷们看球的零食、空间、关爱等问题。国内零食领导品牌——良品铺子为球迷做了相当完善的筹划，如定制了专属看球零食桶，24小时不打烊，线下门店与球迷零距离等，最激动人心的是还专门从斗鱼直播平台邀请了千位网红现场直播赛事。图5-6为良品铺子与斗鱼直播合作的直播欧洲杯宣传海报。

图5-6　良品铺子与斗鱼直播合作直播欧洲杯宣传海报

　　欧洲杯期间，良品铺子联合斗鱼直播展开了"全民看球季"人气主播票选活动，千名人气主播将化身一个个热辣的"足球宝贝"，边吃零食边直播关于欧洲杯的那些事,陪网友吃货们一起看球。决赛当天,斗鱼最高人气主播将亲临良品铺子线下门店,直播欧洲杯决赛,为此次热辣法兰西盛宴画上圆满的句号。

网络直播经过两年的发展已经走过了野蛮期,而主播不再是稀缺资源,目前,大型平台主播的数量已达到几十万。因此,对于主播这一职业而言,想要脱颖而出不再只是要靠天资和运气,还必须要有实力和努力,向明星网络直播发展,向网红IP方向发展,在发挥网络直播才能的同时,扩大自己的衍生价值。在主播这个位置上,一旦成为超级IP,就意味着可以获得更丰厚的利润。正如《2016直播行业年度报告》显示,以映客、花椒、陌陌、易直播收入前1万名的主播作为样本,在2016年,至少有2名主播收入过千万元,捞金能力不输明星,45%的主播收入在5万～10万元间。

5.6 打赏:需要规范和引导的消费模式

打赏,是各大网络直播平台最主要的赢利模式之一,目前,所有的网络直播平台都设有打赏功能,而且取得了巨大成功。例如,主打做秀场业务的YY,就是通过打赏的方式变现的,并且靠着这部分的收入,一路闯进纳斯达克并一度达到市值40亿美元,跟在其身后的9158和六间房也分别通过类似的方式实现了在港股和中国内地A股的上市。

那么,什么是打赏?所谓的打赏,即是粉丝(会员)先在网络直播平台上充值,购买虚拟的道具或礼物,然后再赠送给自己喜欢的主播。道具的标价不同,最后平台再将这些虚拟的道具和礼物折换成现金,而平台和主播通常按照一定的比例分成。

被用来打赏的"道具"各式各样,花样百出,因网络直播平台不同而各有差异。道具,其实就是走个过场,在屏幕上显示几秒钟而已。设置不同的道具只是为了娱乐性和趣味性。每个平台的道具系统却是千人千家,几乎都不重样。接下来就以映客和YY为例看一下,如表5-1、表5-2所列。

表5-1 映客直播上的虚拟礼物

映客	
	映币:1元=10映币
1映币	小花、西瓜、黄瓜、蘑菇、啤酒、足球
2映币	荧光棒、电风扇、手枪
3映币	鞭子

续表

5映币	冰激凌、抱抱、狗、气球、爱心巧克力
10映币	玫瑰花、巧克力蛋糕
33映币	吻
88映币	爱心钻石
199映币	戒指
500映币	小红包
1200映币	跑车
3000映币	飞机、红色跑车
6666映币	豪华跑车
13140映币	游艇

表5-2 YY直播上的虚拟礼物

YY	Y币：1元=1Y币
免费	花
0.1Y币	棒棒糖、水果糖、鼓掌、萌哭、给跪
0.3Y币	荧光棒、啤酒、气球、你最棒
0.9Y币	亲一口、抱抱、我爱你
1Y币	年度集结币
2.5Y币	萝莉、乌鸦、歌神
5Y币	蓝色妖姬、泰迪熊
6.9Y币	巧克力雨、亲嘴娃娃
19.9Y币	钻戒、口红、香水、项链
199Y币	丘比特
1314Y币	豪华游轮

　　打赏，是主播获得收益的最主要来源。主播的粉丝越多，在粉丝中的人气越高，获得的打赏也会越多，主播被打赏截图如图5-7所示。

　　同时，获得打赏的等级越高，收益也越多（主播在收到粉丝的"礼物"后，一般不会折现直接进入主播个人账户，而是被其所在的网络直播平台抽成，不同等级的主播拿到的底薪和提成比例也不一样），这样一来就形成了良性循环，人气越高的主播收入越高，收入越高人气也越高。

图5-7 粉丝向自己喜欢的主播送礼物

案例9

超人气主播一场网络直播下来就能获利几万、几十万,甚至高达百万。TFBOYS试水了一次直播,与粉丝进行了不到一个小时的互动就被打赏了近30万元,这算是粉丝经济通过直播变现的经典案例。

案例10

美拍主播NaCl·盐,以美艳率性、多才多艺闻名,入驻美拍一年的时间拥有30余万粉丝,号召力极强,被粉丝们称为"美拍中的皇后"。曾经做了一次三小时的直播,获得20万粉丝的关注,并获数位土豪打赏,最终收获打赏158万元。

除此之外,很多影视娱乐明星在各类网络直播平台上引爆的超高人气和打赏金额的情况也屡见不鲜。

巨额打赏的背后还存在着更大的利益链条。例如,有些主播直播一场游戏,就有高达几万,甚至几百万的粉丝围观。为了提高围观门槛,主播会设定收费门槛,观众付费成为天价贵族后才可获得与主播沟通的机会,或者其头像也会得到展示。

总之，对于主播来讲，打赏是不可或缺的赚钱途径之一，有直接的，也有间接的，只要能获得粉丝的认可和支持，就可以轻易实现变现。目前，就关于打赏这一行为，却经常出现一些负面的新闻，例如主播为获得高额赏金，故意玩套路、设陷阱，采用不正当的手段诱导观众。对此，业界逐渐出现了分歧，一部分人要求进一步规范打赏制度，如明确规定主播的行为和语言，不得直接向粉丝索要礼物，不得在语言上、肢体上有索要的暗示，设定打赏的上限，避免出现一掷千金的豪赌等；另一部分人则认为"打赏"正在污染网络直播的一片净土，应该干脆取消，不能让金钱成为维持主播和粉丝之间平衡的工具。

总之，打赏这一变现模式所处的形势比较微妙，将来势必会发生变化，具体如何变化则要看形势的发展。诚然，一旦主播的才艺和信息被明码标价，粉丝必须通过金钱才能得到虚拟的尊重，那么网络直播就变了"味道"。

5.7　网络直播赚钱的4大误区

网络直播带来的经济效益到底有多大，能持续多久？目前业界仍有不小的争论，不可否认的是坊间盛传的月入十多万、年入百万属于特殊现象，不足以代表整个行业全景。主播收入两极分化现象十分严重，综观各大网络直播平台的主播收入排行榜，前几名永远被少数几个网红独占，大多数主播鲜有"露面"的机会，可见高收入只是虚"高"。

尽管网络直播带来的赚钱效应有些虚高，但作为一种新兴职业潜力不可小觑。当今仍有不少职业主播将其当作自己的"工作"，定时上下班，每天要坐在电脑前面七八个小时，或唱，或跳，或说……不停地与粉丝互动、聊天；有时候甚至要牺牲掉吃饭、休息的时间；有的为了做到最好，需要不断提高自己，进行培训、学习，默默地付出着。

可见，网络主播这个职业就像其他职业一样，需要不断付出努力、不断学习提升自己。并不是像很多人想象得那么轻松，玩着就可以赚钱。不过，也正是因为有这个动机，很多主播容易陷入一些误区，不但赚不到钱，而且耽误了生活、工作。

这些误区主要体现在以下4个方面。

（1）盲目跟风

有些主播看到别人开发了某直播内容马上也跟着开发一个。例如，美女路线是直播的一个主趋势，于是很多主播就争相模仿，为了跟风甚至不惜代价去做，但是这个策略对自己并没有多大用处，反而影响到了自己的声誉。

因此，不要盲目跟风，需要事先搞清自己是否需要。在决定展开营销之前，要明确粉丝到底需要什么，在此基础上再决定提供什么样的服务，做具有自己特色的直播内容。

（2）急功近利

心急吃不了热豆腐，社会化媒体营销需要的是厚积薄发。有些主播可能会带着传统的思维来做网络直播，幻想着一周、一个月就卖出多少产品。有些急功近利的可能会追求1周或1个月被多少人转发、多少人评论，达到多少曝光量。

网络直播最好不要过早地追求盈利，过早采摘的果实总是充满了酸涩。如果能用心对待自己的粉丝，用心与之沟通交流，就算只有1000个铁杆粉丝，也比有几万个僵尸粉要强。最初那1000位铁杆粉丝就像一张大网会越铺越大，培养出更多的粉丝。

（3）硬性植入广告

为了经济效益，有些主播会经常性地在直播时硬性插入商家的广告，或代言的产品等。直播是一个十分重视内容的传播方式，因此，发送信息来推广商业活动时，需要讲究技巧和方式方法。

此外，主播还需要与粉丝进行一种沟通，增加粉丝的黏性。要知道，做直播营销重要的不是拥有多少粉丝，而是这些粉丝对自己的依赖性有多大、忠诚度有多高。当粉丝能够持久地关注时，意味着就能获得更多的变现机会。因此，想利用网络直播赚钱还必须尊重它的媒体属性，将其看作是一个信息传播的渠道，而不是纯粹的赚钱发财的工具。

（4）忽视粉丝的质量

网络直播营销的核心是拥有大量的粉丝，而粉丝必须是有价值的，为什么很多主播的网络直播公众号成了"死号""僵尸号"，最根本的原因就是拥有大量的假粉丝。而这些粉丝基本上没有任何价值，更不用说挖掘他们的购买潜力。对于主播来说，只有高质量的粉丝才有价值，才能真正转化为利润。所以，不光要重视粉丝的数量，还要提高粉丝的质量。

5.8 网络直播赚钱的困境和制约条件

网络直播引发的赚钱效应已经在社会上引发了众多热议。有人说是大势所趋，在未来的几年内必将成为社交、商业模式的主流，并极有可能引领潮流，改变整个经济生态。有人说是炒作、噱头、泡沫。所以说，对于主播来讲，能够正确认识直播这一行业的发展态势，认清与其他传播方式的关系、差异是非常重要的，只有认清态势，并根据网络直播的特点、优势，才能做好网络直播活动，收获物质、精神上的双赢。

那么，现在的网络直播处在一个什么样的困境中呢？又有哪些特点呢？经总结，网络直播的困境和制约条件有以下3个方面。

（1）商业化模式还极不成熟

网络直播是基于一款通信工具发展起来的，但随着在商业领域的广泛运用，这种功能的作用越来越弱化。尤其是一些组织、企业和社会团体已不再把网络直播仅仅当作是一种工具，一种社交的媒介。但是作为一种新的社交和商业模式，起步晚，很多配套建设还很不完善。大多数人对网络直播的认识还停留在娱乐、社交较浅的层面，想构建强大的关系网，展开企业和产品的推广、宣传实属不易。

（2）对粉丝的依赖性较高

网络直播盈利的来源基本靠粉丝，那么，单纯地依靠粉丝是好事还是坏事，是否具有可持续性？仁者见仁，智者见智，很多时候谁也不能完全确信什么做法才是最有效的。

但有一点是毋庸置疑的，那就是无论怎么做都必须有大量的粉丝支撑。没有一定数量的粉丝，一切都是空谈，而且需要专门去做运营和管理。据报道，映客网红主播"二姐Alice"在映客的粉丝数量已近百万，累积映票6000多万。因此，主播要将增加粉丝数量、提高粉丝质量当作重中之重。

（3）竞争越来越激烈

随着网络直播这种全新的营销模式越来越广泛地被运用，直接导致了这一领域的竞争愈发激烈。目前，无论大、小主播都纷纷投身直播，开始做网络主播，希望借助这股热潮实现更大的盈利，于是引发大众的盲目跟风，网络直播营销一时蔚然成风。

网络直播作为新型的社会化媒体，与传统媒体相比有独特的优势。但是过度竞争也带来了诸多负面的影响，如管理成本增加，商业利益与用户感受之间的冲突愈发严重等。

第6章

创意——如何打造自己的直播账号

　　网络直播是以各大平台为载体而存在的,换句话说做直播的前提必须拥有某个平台的账号。如YY账号、一直播账号、美拍账号等。账号的申请注册非常简单,难的是如何让自己的账号更有特色,更容易脱颖而出。这就需要运营者(主播)有构建和管理账号的能力,给自己的账号贴上个性化标签。

6.1 申请账号：多途径快速登录

网络直播是以各大直播平台为载体而存在的。换句话说，做网络的直播前提是必须拥有某个平台的账号，即在秒拍或美拍等某一个平台上申请直播账号，然后通过该账号上传、观看和分享视频。

为了更好地使用网络直播，下面就来详细地介绍以下几个主要网络直播平台的申请流程。

（1）账号的申请与注册

从总体上来看，所有的网络直播平台都支持多账号登录，如手机号、QQ号、微信账号、微博账号、QQ邮箱账号等。需要注意的是，不同平台的账号登录类型有所不同。

例如，映客支持手机号、微信和新浪微博账号登录；微视，由于与QQ、微信同属腾讯系产品，因此在账号选择上只要是腾讯类账号都可以，包括QQ、微信、QQ微博、QQ邮箱等；而美拍则只支持微信、QQ、新浪微博、手机号等。

图6-1为映客直播平台的账号类型。

图6-2为秒拍、微视、美拍等平台的账号类型。

图6-1　映客直播平台的账号类型

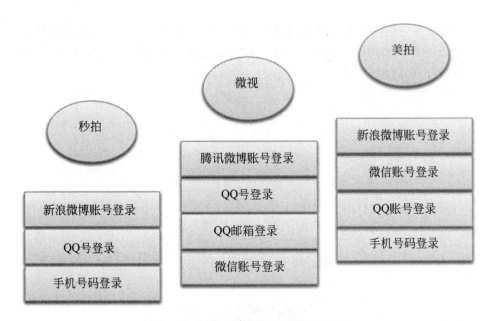

图6-2　常见网络直播平台登录示意图

（2）申请流程

综观几大网络直播平台的申请步骤，其流程基本上相似。接下来我们将分别以虎牙、美拍和战旗等为例，逐一介绍如何申请直播账号。

① 虎牙账号申请

第一步：打开浏览器，进入虎牙直播官方网站，或者在手机客户端直接下载虎牙APP。进入官方主页，点击"登录"下的"注册新账号"（已有账号的可直接登录），如图6-3所示。

图6-3　虎牙直播账号申请页面

第二步：输入昵称、密码及页面上显示的其他选项。填写完这些信息后，勾选最下方的"同时开通QQ空间"和"我已阅读并同意相关服务条款和隐私政策"，如图6-4所示。

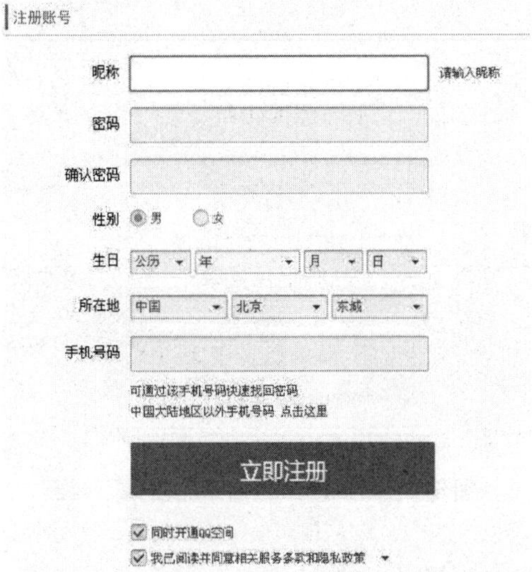

图6-4 虎牙直播账号申请基本信息填写界面

需要注意的是，账号昵称一定要先想好，因为一旦启用后不可修改。另外，还可以点击昵称上的图像，现拍一张或是在手机相册中选取一张图片作为头像。

账号密码必须是由字母、数字或者英文符号组成，不少于6个字符，同时注意区分字母大小写。

第三步：按要求操作，完成注册，如图6-5所示。

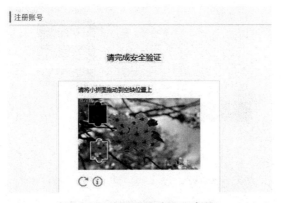

图6-5 注册账号验证示意图

第四步：填写自己的手机号码，获取验证码进行验证，如图6-6所示。

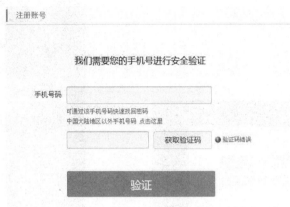

图6-6　手机号码安全验证

第五步：注册完毕。注意，注册后手机号码将作为注册者的身份标识，如图6-7所示。

图6-7　手机号安全验证完成界面

② 美拍账号申请

第一步：打开浏览器，进入美拍官方网站，或者在手机客户端直接下载美拍APP。进入美拍官方主页或APP，选择账号类型登录（已有账号的可直接登录，没有账号的需要先申请），如图6-8和图6-9所示。

登录美拍可直接用手机号，所以绑定手机号即可直接登录。

第二步：如果用新浪微博登录，直接填写微博账号、密码即可。没有的申请新浪微博后方可登录，如图6-10所示。

图6-8　美拍网页版账号登录-申请界面

图6-9　美拍手机版账号登录-申请界面

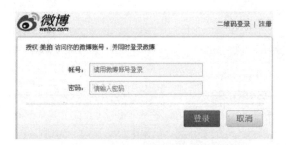

图6-10　新浪微博账号登录、申请界面

如果利用手机号登录，输入手机号和密码即可，如图6-11所示；没有申请的需要立即注册，如图6-12所示。

图6-11　手机号登录界面

图6-12　手机号申请注册界面

③ 战旗直播账号申请

与虎牙直播、美拍账号的申请类似，在进入战旗直播官方网站之后，要先选择采用以何种方式登录，如图6-13所示。

图6-13　战旗直播账号申请界面

在进入战旗直播官方上后，大致有两种注册方式，一种是手机号注册，一种是普通注册。采用手机号注册的需先绑定手机号；若用新浪微博、QQ账号登录，需先拥有新浪微博或QQ账号。

6.2　账号管理：构建矩阵账号群

想利用网络直播抢占市场，单靠一个账号是行不通的。在这个全网时代，所面对的不是某个平台上的用户，而是各个平台所有的用户，再加上每个平台上的用户具有一定的交互性。所以，在布局直播账号时应建立两个以上，并尽可能地与更多用户建立关系，保持黏性，最大限度地挖掘用户价值，力求收益最大化。

粉丝决定销量，谁获得的粉丝多，与粉丝的关系紧密，为粉丝提供的服务好，获利就大，谁就能最大限度地打开市场、适应市场，获取最大收益。但想要吸引更多的粉丝，必须建立多维式的账号群，形成矩阵，依靠团队作战。

多维式是相对一维式而言的,是指要从多个角度,多层面打造自己的账号矩阵。按照账号所属平台的类型、功能,以及性质的不同,打造出不同体系的账号群。事实上,很多企业也是如此做的,在这方面企业比个人要做得好很多,接下来就以企业的做法为例进行简单的分析,阐释如何通过构建账号群来实现多层面的网络直播活动。

(1)糗事百科——辐射性账号矩阵

案例1

将账号矩阵优势发挥得淋漓尽致的企业非糗事百科莫属。他们采用以官方账号+草根账号的模式,以大带小,这套模式成功吸引了400万粉丝。

具体以官方微视账号糗事百科为中心,配以4位签约演员黄文煜、李梦雪、赵大使、放弃治疗的微视账号,形成了一个辐射性矩阵,如图6-14所示。

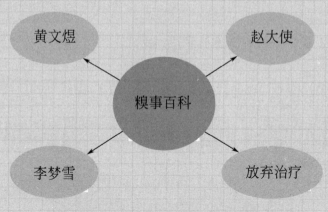

图6-14 糗事百科——辐射性账号矩阵

(2)小米——关联性账号矩阵

案例2

小米公司的微视账号矩阵是以功能分设的,一个是小米手机,另一个是小米MIUI。两个不同的账号提供不同的服务,相互推广,让粉丝互通,如图6-15所示。

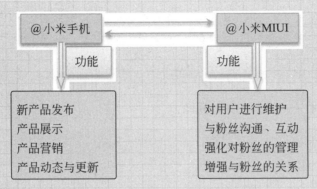

图6-15　小米——关联性账号矩阵

(3) 万达影城——链条式账号矩阵

案例3

万达是国内房产行业、百货行业中的佼佼者,也是第一家开始做视频营销的企业,与此同时,万达也在对账号进行布局。

万达的直播账号是以总公司-分公司-地区-行业依托而建立起来的链条式布局。总公司的账号下设多个区域性账号,由"中央指挥地方,全国联动",同时区域性账号又可根据行业的不同进行细分。例如万达下设万达影院和万达广场,万达影院下设北京万达影院、上海万达影院等,万达广场又下设温州万达广场、济南万达广场、合肥万达广场等,如图6-16所示。

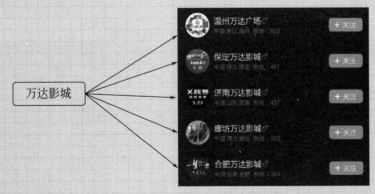

图6-16　万达影城——链条式账号矩阵

万达的办事处、分公司、分店遍布全国各地，如果每个都建立自己的直播账号，那么将形成一个巨大的账号集群，建立一个完美的线上、线下O2O体系。

（4）魅族——集群式账号矩阵

案例4

魅族的账号矩阵是一个官方视频账号玩魅族的妹子，带领一群魅族员工的视频账号进行布局视频战场，如图6-17所示。

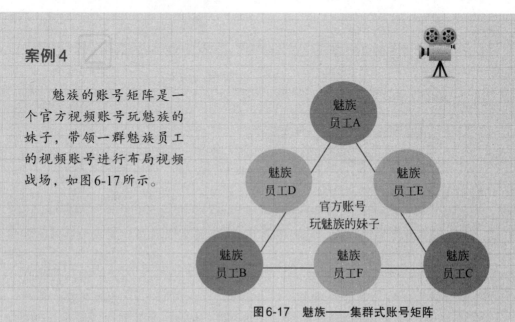

图6-17 魅族——集群式账号矩阵

对上述4种账号矩阵模式进行总结，可以发现他们特点鲜明，各有特色。在具体的操作实践中还需要根据企业、产品的实际情况来选择，如表6-1所列。

表6-1 直播账号设置矩阵模式

矩阵模式	代表性企业	适用范围
辐射性矩阵	糗事百科	业务类型较单一，产品品种较少，相互之间又没有过多联系的企业
关联性矩阵	小米公司	业务类型较单一，产品品种较少，相互之间联系较密切的企业
链条式矩阵	万达地产	业务类型较复杂，产品品种较多，相互之间又没有过多联系的企业
集群式矩阵	魅族手机	业务类型较复杂，产品品种较多，相互之间联系较密切的企业

6.3 精心设置：昵称和头像是账号的门面

昵称和头像是直播账号的最显著标志，是主播身份的象征，也是向粉丝进行自我展示和宣传的重要窗口。然而，拟写昵称和选择头像却不那么容易，很多主播不受欢迎、粉丝少，很大一部分原因就是昵称和头像设置不合理。

现在很多主播的账号昵称、头像可谓五花八门，如用动物名称和形象、游戏名称和截图，以及非主流文化……，总之不一而足。很多时候他们都是灵机一动，或者随意放上去的，殊不知这将会无形中影响观看者对账号的错误判断，或对直播内容以偏概全的定位。

其实，账号昵称和头像与人的姓名一样，一个好的昵称和头像不但容易被记住，而且还能传递有效的信息，或美好的心理感受。因此，要想让自己的直播账号脱颖而出，首先需要取一个响亮的昵称并设置一个富有象征性的头像，其次要善于利用一些技巧，按照一定的原则，让账号更富有个性，更容易引起所有人的共鸣。

经总结，命名账号昵称可按照以下原则进行。

（1）直接命名（品牌名称、企业名称）

这类账号旨在直接告诉关注的粉丝"我是谁"，通常适合于具有一定影响力的明星、大咖，或者在行业有影响力和威望的企业品牌。头像可采用产品、品牌的照片，企业名称、品牌名称、产品的LOGO等，例如，账号凯迪拉克、广州日报、NBA（见图6-18）、小米手机等。

图6-18　NBA在微视上开通的直播账号

图6-19为"360股票"在花椒上开通的直播账号，直接使用了品牌名——360股票。360股票是奇虎360孵化的一项创新互联网金融证券类服务

平台。目前，运营了PC版360股票、移动端APP、微信公众号"360股票"等多种传播渠道。

图6-19　360股票在花椒上开通的直播账号

有的则以企业名来直接命名，例如，欣欣旅游网是一个旅游网站，其美拍账号直接使用"欣欣旅游网"，如图6-20所示。这种命名方法直接将所能提供的产品或服务的功能、用途或能提供的服务体现出来，让用户直接去了解。

图6-20　欣欣旅游在美拍上开通的直播账号

（2）以行业+人名（企业名称）命名

行业+人名（企业名称）的命名方式是为了让用户一眼就知道你是谁、是干什么的，以便能更好地定位目标人群，寻找到目标客户。如图6-21所示的直播账号等。

图6-21　头衔+人名（企业名称）命名的案例

（3）以微信、QQ等名称来命名

有很多直播账号，直接沿用了自己的微信、QQ或微博账号，或者这些账号的简单变形。这样的好处是便于用户加深对微信、QQ的记忆，将粉丝引流到微信、QQ、微博等平台上。例如，育儿网就以育儿网官方微博作为美拍直播账号，如图6-22所示。

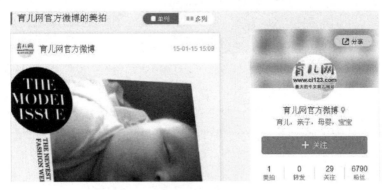

图6-22　直播账号与微博账号通用示例

"觅食迹"的美拍直播账号，沿用了其微信公众号的直译——@mishiji001，后者是前者的汉语拼音，如图6-23所示。

图6-23　直播账号为微信账号的简单变形示例

（4）以限定于+职业、行业背景命名

将直播中涉及的企业背景、人物、产品、服务等，以描述、夸张或拟人的方式间接地表现出来，如王大厨、××学校舞蹈老师、××教练等。如图6-24所示为某咖啡创始人的美拍直播账号。

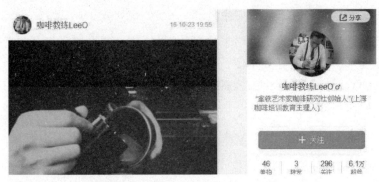

图6-24 职业、行业背景命名的案例

（5）以地域+企业性质命名

如果是服务于本地的企业，则可以在账号昵称中加上地域特征，这样，既可以让本地的用户更有亲切感，如美拍账号北京星舞团、太原同城会、加拿大旅游局等，如图6-25所示；同时，又可以有针对性地吸引外地用户的关注。当然，如果企业的目标客户没有地域限制，昵称中最好不要加上地域标志。

图6-25 以地域+企业性质命名的案例

6.4 精准定位：便于粉丝一眼读懂你

一个直播账号如果没有明确的定位，观众就无法做出明确的判断，以至于给观众一种可有可无的感觉。当观众无法意识到账号存在的意义时，也就失去了进一步关注的基础。那么，对于一个直播账号来讲，如何才能体现自己的特征呢？可考虑采用以下3种方法。

（1）在账号昵称上体现

一个直播账号呈现在用户面前的首先是头像和昵称，如果昵称有特色，在成百上千万个直播中脱颖而出就会事半功倍,而体现行业方向是使名称有特色的主要方法。例如,大家最常用的租车软件,它们的直播昵称上基本都有"租车"一词,如图6-26所示;有些培训网站、培训学校喜欢用的词是"培训",如图6-27所示。

图6-26　直播昵称中的"租车"关键词　　图6-27　直播昵称中的"培训"关键词

然而,为直播起个好昵称却不是嵌入某个关键词这么简单,还需要结合企业的经营范围、性质和产品、业务类型等去更深入地做内容。

案例5

一些化妆品、美容美发性的企业通常以自己的产品、品牌直接命名直播昵称,如"××护肤品""××美容店""××官方旗舰店"等。直接以产品、品牌名来命名昵称需要很谨慎,毕竟这样做目的性、功利性太强,会令大多数用户容易产生逆反心理,如果不是有硬性需求尽量避免这样做。其实,完全可以定位成一个"美容百科全书"性质的直播,为用户提供美容、美颜的方法、技巧等,当获得用户的认可后,再植入一些广告,用户也比较容易接受。

案例6

再例如，有些账号直接以企业名为直播昵称，这也是不可取的，除非在大众中已经有较大的影响力，良好的口碑，否则用户不会买账。这类命名法看似可最大限度地体现自己，其实由于对你不是特别熟悉，等于什么也没说。例如，一个以分享生活、娱乐、美食等资讯的网站，直播叫"余姚生活网"，是宁波一家叫"宁波网联网络有限公司"旗下的，已经成为当地的一个潮流生活平台。

这样的命名很好，既有了企业特性，又附加了地域属性，可使用户轻而易举地知道"这是个什么平台，我能从中得到什么"。试想一下，如果直接取名"宁波网联""网联网络"等，结果可能会很惨。

（2）在个性签名上体现

第一次关注某个直播时，我们会看到首页界面上有个"功能介绍"，相信每个人关注之前肯定会细致地阅读一遍。这个介绍就是个性签名，可以很好地定位直播的特性。

案例7

图6-28所示为唯品会在花椒直播上的账号功能介绍，是大家熟悉的那句话，"一个做特卖的网站"。虽然有些直播账号的昵称比较迷糊，但是通过这十几个或几十个字的介绍也可以明确该账号的定位。

图6-28　唯品会在花椒直播上的账号功能介绍

个性签名可人为设置,一般在申请时提前设置好,也可不定期地修改,不过每修改一次都需要通过系统的审核。

(3)在内容上直接体现

在内容上直接去体现,是最重要,也是最根本的做法,因为只有所推送的内容时刻围绕着本行业去做,并且努力做出特色,不落俗套,才能给用户以崭新的、别致的、眼前一亮的感觉。只要能把内容做好、做精、做出特色,成为行业的头牌,自然会被大众熟知,吸引更多用户的关注。

案例8

原创孕期系列视频——十月呵护如图6-29所示,该视频都是以孕育知识为基础,以幽默诙谐的漫画风格去展示,深受观众的喜欢,粉丝高达17万之多,被赞28万次之多。

图6-29 以传播孕育知识为主的"十月呵护"

做好以上3点,一个网络直播的基本方向就明确起来。当用户关注时,也能在最短的时间内了解到该视频是个什么样的视频,观看后能有哪些收获。

6.5 精选素材：打造高度垂直的直播内容

直播什么内容，需要坚守的一个最核心原则就是看自己能为粉丝提供什么，最常用的策略就是垂直性策略。所谓的垂直性策略，就是针对某一特定领域、特定人群或特定需求提供有价值的信息或相关服务。垂直性策略的特点就是专、精、深，且具有行业色彩，与全而广的内容策略截然不同。

因此，垂直性内容就是专注具体、深入的纵向服务，致力于某一特定领域内信息的全面和内容的深入。所推送的内容都是为产品服务的，并在此基础上深度挖掘，没有这个领域外的闲杂信息。例如，介绍某一项服务，除乏善可陈的介绍之外，还要继续细分，并争取让每个细分内容都能成为一个话题，都可以为用户提供所需的信息。

案例9

某宠物医院发布的视频，一定要与宠物有关，这样才能进一步吸引宠物的主人，或者爱宠物的人士关注，如图6-30所示为美容师正在护理狗狗的视频。

图6-30 某宠物医院发布的视频

（1）围绕产品或服务进行知识延伸

单纯的产品介绍、产品推荐已经无法吸引用户的购买兴趣，尤其是视频营销，推销过于直接反而会令消费者生厌。如果能推送一些与产品或服务有关的延伸性知识，用户接受起来就会比较容易。因此，企业的产品策划或运营者一定要善于制造与产品或服务有关的话题。

案例10

以RIO-鸡尾酒一段直播的回顾视频为例，如图6-31所示，他们没有直接推销酒，更没有介绍这种酒的优势和价值，而是教用户如何自制瓶起子。由于酒盖是金属的，如果手头没有现成的辅助工具的话很难打开，该视频正好解决了用户的这一烦恼，只要身边有一张纸就足够了。视频演示了如何用纸自制瓶起子的过程，简单的几步，就可以用这个自制的纸起子打开酒瓶盖了。

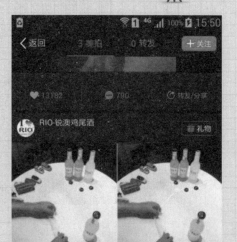

图6-31　RIO-鸡尾酒自制瓶起子的视频

这一视频内容非常具有新意，不但间接地宣传了产品，而且解决了部分消费者因无法打开瓶盖等日常生活中遇到的难题。

（2）展示某产品或服务

这主要是针对企业，或者希望通过销售某种商品、服务赚钱的主播。如果产品足够好，就可以直接向粉丝展示自己的产品，如新产品发布、节假日特大优惠等。不但直接推销更能吸引消费者,而且着眼点较小,就是单纯地推销某一种产品,也很容易被关注。

案例11

巴黎欧莱雅是著名的化妆品品牌,常常利用网络直播展开营销攻势。如图6-32所示为欧莱雅官方为宣传某款产品而推出的网络直播促销活动。

图6-32 巴黎欧莱雅某产品促销活动视频

(3) 展示企业文化

如果是企业,可以直接展示企业文化、经营理念或者传递价值等。这也是企业网络直播的主要内容之一,通过展示与企业有关的文化背景吸引消费者,强化消费者的黏性,取得消费者的认可。

文化层面的东西能更深刻地反映出一个企业的底蕴,有利于促进消费者了解企业,对企业产生更深的信任感。这种内容尤其适合一些知名度较高的企业或新兴企业等。

案例12

城市画报,一本坚持原创精神的城市青年生活杂志,以反映现代都市年轻人的生活形态以及生活方式为主。他们的网络直播也秉承了这一理念,时刻在透露着自己的企业文化和经营理念,如图6-33所示。

图6-33 城市画报宣扬企业文化的视频

新媒体运营遵从内容至上,直播内容的质量直接决定着主播的未来。要想持续吸引粉丝的关注,首先得多发高质量的视频,这是最关键的。那么,高质量的内容哪里来?自然是素材,素材是内容创作的基础。这并不是说一定要有高档的器材、专业的制作,而主要是要有创意。否则,即使有一定的特长,如唱歌、跳舞、变魔术、车技、杂耍等,只是千篇一律的展现,久而久之也会有可能令粉丝产生审美疲劳。这时就需要创新,思考怎样才能做出既能让粉丝笑、让粉丝感动,又能让对方有所收获的直播内容。

6.6 需求至上:贴近观看者的痛点需求

利用网络直播来吸引粉丝、聚拢人气,最关键的是要有高质量的内容。那么如何提高直播的内容质量呢?最根本的一点是从观众的需求出发,无论直播内容是否是原创,都要坚持需求至上,只有有需求才有消费。

观看者需要什么,我们就直播什么。在直播之前先对用户需求进行分析,找到目标群体最大的需求点,并善于发现、挖掘隐形需求。

以美食为例，为什么现在美食类节目如此受欢迎？日、韩的综艺节目里有很多与吃有关的栏目，如《吃货木下》《火力全开大胃王》《一个人做/吃饭》等；央视《回家吃饭》也是秉承了"吃"之风。目前，在网络直播中也有很多与吃有关的内容，并单独占据着一个内容板块，如图6-34所示，同时也涌现出很多吃货、美食达人等，如图6-35所示。

图6-34　美拍上的美食视频板块

图6-35　美拍上的美食达人热搜

为什么人们越来越追崇"吃"？其实，这就是一种心理需求的体现。随着生活水平的提高，越来越多的人将大量时间和精力用在吃、穿、行上，而吃无疑最受欢迎。谁都喜欢吃，然而并不是谁都能吃到，无论是受限于客观条件无法吃到，还是主观原因不会做，总之，正是因为吃不到才羡慕能吃到的人，这些因素也给那些吃货们提供了展示自我的空间。

正如有网友看完直播后的留言："为什么看别人做饭是件那么愉快的事，自己做就烦躁呢？为什么别人可以把做饭当成日常，我却做不到呢？"这说明什么？"想吃"就是大多数人的一个刚性需求，这也是美食节目大受欢迎的根本原因。

站在主播的角度，假如直播的内容与"美食"有关，且能围绕"吃"去进行创新，做得特别有特色，那么自然也就算抓住了一大部分人的需求，势必会大受欢迎。

案例13

淘宝上某卖煎锅的商家是这样直播与"吃"有关视频的,如图6-36所示。该视频展示的是一个煎鸡蛋的过程,同时在下面视频简介中则注明:视频里的煎鸡蛋锅送货上门,并附上了淘宝链接。

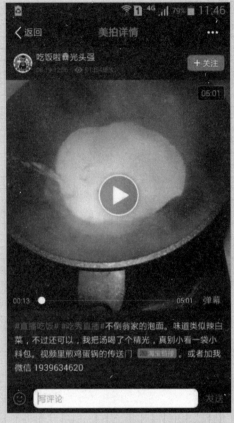

图6-36 某商家直播卖煎鸡蛋锅

需求是促使粉丝关注、强化对主播黏性的内在动力。然而,实际上大部分的需求都是隐性的,需要深入研究、挖掘,甚至采取一定的技巧去激发。因此,作为主播要学会根据粉丝的需求去做网络直播内容。

6.7 巧妙借势:借热点事件制造话题

借助社会热点事件制造话题,是一种事件营销、借势营销,在传统的营销中比比皆是。同样,它也可以用于网络直播中,属于一种借"题"发挥的做法。在全民参与的互联网时代,社会热点总是层出不穷,借助社会热点进行网络直播,更容易取得粉丝的共鸣。

案例14

H&M在推广自己的运动系列服装时,就曾利用大家喜欢的体育事件制造话题,采用定期讲述一个体育故事的形式吸引了一大批消费者,如图6-37所示。体育运动,是大多数年轻人的爱好,尤其是男性,可以说每个男性都有个体育梦,即使有时候无法完全付诸实践,对某项体育运动也有着特殊的情结。例如,很多不会踢球的球迷也可以为了一场足球赛疯狂。H&M这个借势可谓是十分巧妙,能充分迎合一部分年轻男性的心理需求。

图6-37 H&M利用体育故事制造直播话题

案例15

在电视剧《三生三世十里桃花》热播期间,魅族手机就借用这个良机发布了一款新品魅蓝5S,并在直播上大力推广,大背景是三生三世剧中的经典场景,主播也身穿剧中人物的服饰,如图6-38所示,着实吸引了不少该剧的粉丝。

图6-38 魅族利用热播电视剧制造直播话题

寻找社会热点事件的途径有很多，判断一个事件是否可用，标准也不是只看其关注度有多高，关键还要看是否适合自己，尽量以自身所售产品或服务的实际情况为出发点。这需要在具体运用中善于学习和总结，结合多种渠道去搜集、整合材料，尤其是可准确地表达出自身独特观点、思想和情感题材的事件。

那么，在用社会热点事件时，如何选择和鉴别呢？一则事件是否有价值，是有鲜明特征的，如相关性、重要性、知名度、趣味性等。具有的特征越多，价值越大，借鉴后造成的晕轮效应也越大。

（1）相关性

相关性是指事件与受众群体的相关度。一般是指心理上、利益上和地理上的联系有多少，联系越多，越容易被受众关注。比如，大多数人对自己的出生地、居住地，或曾经给自己留下过美好记忆的地方总是怀有一种特殊的依恋情感。因此，在选择事件营销时如果结合受众的地域性，就会更能引起这部分人的注意。

（2）重要性

重要性是指事件的重要程度。一个事件无论大小，首先要能够有影响力、有意义才能称得上是社会热点事件。判断内容重要与否的一个标准主要看其在社会上影响力的大小，一般来说，社会影响力越大，受众越多，价值越大。

（3）知名度

知名度是指事件中涉及的人物、地点和事件的知名程度，越著名，新闻价值越大。国家元首、政府要人、知名人士、历史名城、古迹胜地往往都是出新闻的地方。

(4) 趣味性

大多数人对新奇、反常、趣味性较强的事物比较感兴趣。有人认为，人类本身就有天生的好奇心或者乐于探索未知世界的本能。因此，在选择事件时应该坚持一个重要的原则，即这个事件一定要有趣味性，是受众喜闻乐见的、愿意付出时间和精力去了解的事件。

任何一个事件只要具备了以上其中一个特征就可以确定为是热点事件，可以借鉴。如果能够同时具备其余几个特征则更好，说明这个事件肯定具有相当大的传播价值，自然也会成为大部分人竞相追逐的对象。

第 7 章

粉丝——获取高流量的关键

粉丝是主播生存之根本，积累粉丝量、提高粉丝的质量和忠诚度，是主播保持持久发展的唯一保证。因此，每个主播都应该充分重视粉丝的积累，提高自身技能和素养，为粉丝提供好的视频内容、好的网络直播体验，真正赢得粉丝的持续关注。

7.1 做最熟悉、最擅长的领域

现在很多人都喜欢做一名网络主播，更希望成为某领域网红主播，但最大的困惑就是不知道直播什么内容。无奈只能人云亦云，看见别人直播什么，什么受欢迎自己就去跟风；有的人经常变换自己的直播内容，今天唱歌，明天教化妆，再隔两天又直播厨艺；还有的人干脆没有什么计划性，想直播什么就直播什么，完全靠临场发挥。

类似以上的情形注定是要失败的，而且很难形成自己的直播风格，拥有固定的粉丝群。做网络直播一定要明确定位直播的内容，即要知道自己为什么而做，能否在受众心中树立起相对稳定的内容形象。

持续的、稳定的内容输出，是一个优秀主播必须具备的基本能力，也是吸引粉丝的基本前提。那么，如何保证持续的、高质量的内容输出呢？最简单的方法就是做自己最熟悉、最擅长的领域，即所直播的内容要与自己所掌握的知识、积累的经验相符，最大限度地发挥自身的特长。优秀主播应具备的条件和方法如图7-1。

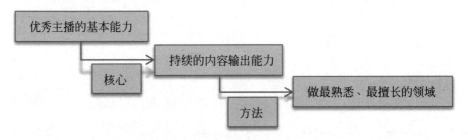

图7-1　优秀主播应具备的条件和方法

做熟不做生，是我们选择直播内容的第一原则。否则，很有可能得不偿失，时间、精力都付出了，却收不到预期效果。

有段时间很多女孩子都希望做服装主播，但是对于如何成为一名在服装方面的网红主播没有清晰的发展思路。有的人可能仅仅是因为"我很喜欢服装""我喜欢穿衣搭配"。但仅仅喜欢还不够，要想成为一名服装网红主播，最基本的条件就是自己在穿衣、选款方面有着独特的理念，或者最专业的意见输出能力，如身边的朋友经常会向自己咨询穿衣打扮等方面的问题。生活中确实有一种人，每天穿的衣服都不同款，每个人见到她的穿衣搭配就忍不住想多看几眼，觉得穿起来很好看；或者在穿衣方面有一定的指向性，自己穿什么，身边的朋友就跟着穿什么，自己买什么，周围的粉丝就买什么。

这就叫意见输出能力，只有具备这种能力的人才能激发粉丝的追随欲望和需求。真正有能力成为某方面网红的人，一定是对特定的领域、行业非常熟悉，或最擅长。在屏幕前，能够面对粉丝侃侃而谈，并且在视频中看到的人就像看真人一样，不会令大众觉得失望。

7.2 构建主播自身的调性

直播内容圈定的是直播的大方向，但就主播个体而言，还需要形成自己的风格，即给观众的整体认知是什么。例如，很多主播玩直播，最单纯的想法就是展示自己的才华或一技之长，如唱歌、跳舞、厨艺等。换句话说，就是想与大家分享特定的内容，这样一来，平台就形成了一个圈子，圈子中全是有着共同兴趣爱好、共同价值观的人。

有些主播在展示才华的同时还创新了玩法，一改单纯地"展示"模式，将内容调性提高到了一个更高的档次、更细分的领域。

案例1

主播@Skm破音，是个说唱歌手，他歌喉非常独特，因而积累了大量粉丝，高达百万。有的一场直播总播放量能超过千万次。其实，最关键的不仅是因为他的歌喉，更重要的还在于他特别善于与粉丝互动。他在展示才艺的同时非常注重互动，为此曾创造了#弹幕填歌词#的话题，并将#弹幕填歌词#这种互动形式，逐步形成美拍的一种潮流。此外，每次唱完歌都会和粉丝互动聊天，开一些轻松幽默的玩笑。

每个主播都需要有自己的独特性，独特性决定了自己的整体调性，而调性是建立受众认知的基础。那么，什么是调性？即调性是指呈现出独有的个性特点、视觉效果、象征的意义，以及向受众传达一个什么样的认知等，也就是在面对受众时，所传达给对方的一种认知。如果直播的内容就像一个"大杂烩"，什么内容都有，但又什么都不精，这样就无法抓住受众的需求，让对方真正融入其中。即使暂时能够吸引粉丝，但由于缺乏一个足够有吸引力的点，也很难持久地吸引对方、留住对方。

因此，优秀的主播最重要的一个工作就是构建明确的、富有个性的调性，以便圈定特定的群体，形成共同的话题，吸引受众积极参与其中，并在受众心中留下深刻的记忆。主播构建调性的作用是多方面的，具体如图7-2所示。

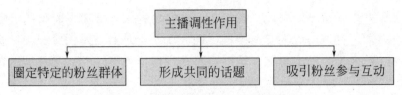

图7-2 主播调性的形成对直播的作用

综观各大直播平台可以发现，如今的网络主播大致可分为四种：娱乐节目类主播、网络游戏类主播、唱歌类主播、其他类主播（泛指没有特定和规律性的内容）。前三种都是常见的，有明确的指向性，非常容易理解，尤其是娱乐、唱歌这类型的，几乎每个直播平台都有这个板块，其中以YY最具有代表性。值得一提的是其他类主播，由于没有特定性和规律性的内容，很难划分类别。

然而，没有特定性、没有规律性并不意味着就可以乱来。想要获得粉丝的青睐，这类主播必须具有超能力，淡化直播内容的局限性，多用自身的魅力或其他优势弥补内容上的不足，将粉丝牢牢锁住。

例如，现在有很多主播直播吃饭，如果问他们火不火，答案是肯定的。有人也许会说，直播吃饭谁不会？事实上并不是这样，这些人关键不在于"吃"，而是除了大口吃饭、卖萌、饭量比常人多之外，还同时是这些食品的代言人，生产商会给出相应的报酬和提供每次的食物量。而粉丝无疑是该食品的当下或潜在消费者。因此，"直播吃饭"并不是简单地吃饭，而是有特定的目的，为某一群体提供特殊的服务，如为某商家代言等。他们在吃的过程中会使用很多技巧，如在时间上，吃得越多时间就越长，如选择水分较少、分量较少、种类较多的障眼法让观众觉得他们吃得很多。这个其实在外国很早就有，除吃饭外，还有各种美食，如蛋糕、零食、泡面，还有各地产的水果等。

很多人不明就里，还在傻傻的跟风"直播吃饭"，如果问："你会做些什么？"他们只会说："会吃。"这样的直播吃饭纯属娱乐自己，除为了露个脸、卖个萌之外，可以说没有任何价值……这样的行为，其实在大多数观众心里会留下不太好的印象：这个人是多久没吃过饭了，真是个可怜的孩子。

所以说，即使直播内容没有特定的指向性和规律性，也要尽量形成自己的调性，培养粉丝的观看习惯，给粉丝带来一定的价值。

7.3 注重内容，注重原创

做网络直播归根结底是内容，只有有创意和能为用户带来利益的内容，才容易被接受。具体来说，就是要善于将营销和娱乐进行融合，以极富创意和观赏性的直播内容打动用户，从而引发用户发自内心的认同感，而非强行推送广告。

因此，主播应有一定的原创能力，据统计，网络直播平台中的视频50%以上的内容系主播原创。

根据艾媒咨询（iiMedia Research）2016年的数据调查结果显示，原创内容占绝对主角，包括原创文章、视频、漫画等；其次是产品导购，产品导购体现了网红作为流量变现入口的价值；整合型内容仅占7.00%；八卦爆料永远是经久不衰的话题，占9.00%，具体如图7-3所示。

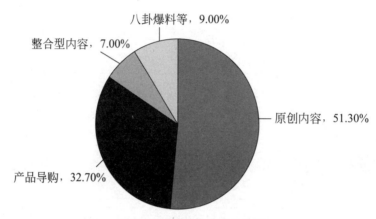

图7-3　网络直播内容分布图

因此，发布的无论是产品信息，还是其他信息都应该先策划，保持原创。在具体实践中，要善于运用创造性思维，积极创新，不断加强内容制作和创新，提升内容的吸引力。

那么，如何做出高质量的直播原创内容呢？有三点必须做到：第一要规划，第二要定位，第三要筛选。

（1）内容规划

在开设直播账号之前，除了要做好基本的直播形象定位以外，内容规划也是重中之重。"直播营销，内容为王"，这个营销理念将是核心。的确，正如行军打仗中的"兵马未动粮草先行"的策略，直播的内容规划就好比其中的粮草，没有充足的粮草支撑整个军队，后面的战术布置纵使精彩绝伦也只能是纸上谈兵。所以，在规划直播的过程中，对内容选取的制订上应当细心、用心，在后面运营直播时才能省心、放心。

由于在开设直播之前没有充分地对发布的内容进行规划，有些主播就不知道发布什么，而有些主播则是什么内容都发。其实，这两种极端做法都是不可取的，不但会影响自己的视频质量，而且会误导粉丝，破坏粉丝黏性。

因此，直播前做好内容设计和规划非常有必要，既可以起到事半功倍的作用，有助于自己顺利完成直播，又可以有效地提升自己在粉丝心目中的地位。

（2）内容定位

对内容进行定位，是主播对内容进行规划最先需要做的一项工作，可以帮助粉丝了解自身情况。例如，计划做一场关于面膜推广的直播，就需要准备以下几个方面的内容，产品的基本介绍、与美容美颜相关的知识介绍、现场销售和促销的活动介绍，最后还可以提一下老客户的使用体验和感受，如图7-4所示。

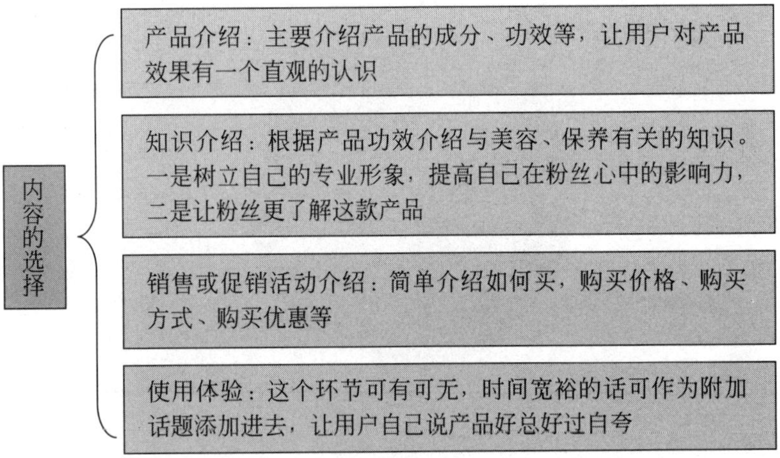

内容的选择
- 产品介绍：主要介绍产品的成分、功效等，让用户对产品效果有一个直观的认识
- 知识介绍：根据产品功效介绍与美容、保养有关的知识。一是树立自己的专业形象，提高自己在粉丝心中的影响力，二是让粉丝更了解这款产品
- 销售或促销活动介绍：简单介绍如何买，购买价格、购买方式、购买优惠等
- 使用体验：这个环节可有可无，时间宽裕的话可作为附加话题添加进去，让用户自己说产品好总好过自夸

图7-4　网络直播的播放内容

在内容定位过程中，还需要结合品牌进行定位，也就是要突出品牌的特点和优势，用几个关键词精简地表达出来。例如，若品牌调性是"年轻无极限，给爱挑战生活、向往自由的你一片属于自己的天空"，那么品牌调性的关键词就是"年轻""刺激""自由"等。直播内容在风格上需要展示一个青春、有活力的形象，而在内容选取上就要适当倾向于一些积极向上的内容。

（3）内容筛选

在做好直播内容定位后，结合所设定位，再进行内容筛选，制订范围和标准。通常，发布直播是为了吸引用户的注意以增加用户的黏性和适当体现品牌的价值。不同的直播内容有不同的特性，可以根据具体的实际来筛选合适的内容。

就一般意义上的直播而言，可以按照以下4个原则进行筛选，如图7-5所示。

做直播对内容要求十分高，尤其是在当下与网络直播有关的规章制度、行为规范、监督体系都不太正规的大环境下，市场上大大小小的网络直播平

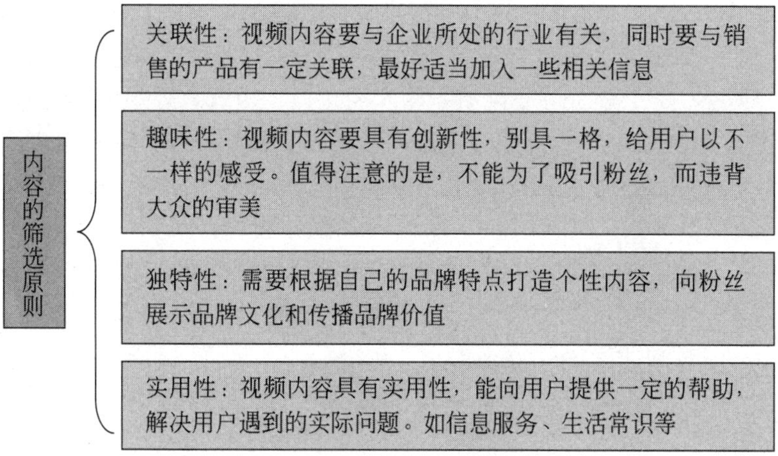

内容的筛选原则
关联性：视频内容要与企业所处的行业有关，同时要与销售的产品有一定关联，最好适当加入一些相关信息
趣味性：视频内容要具有创新性，别具一格，给用户以不一样的感受。值得注意的是，不能为了吸引粉丝，而违背大众的审美
独特性：需要根据自己的品牌特点打造个性内容，向粉丝展示品牌文化和传播品牌价值
实用性：视频内容具有实用性，能向用户提供一定的帮助，解决用户遇到的实际问题。如信息服务、生活常识等

图7-5　网络直播内容的筛选原则

台鱼龙混杂，主播素质良莠不齐，不少平台及个人频频依靠低级趣味性的内容博大众眼球。因此，当今的直播行业中好的内容比较少，优质的内容就显得弥足珍贵。这就要求主播具备一定的内容生产和运用能力，同时要能充分调动粉丝参与的积极性，并引导他们参与进来，扩大内容的“生产线”。

7.4　鼓励粉丝参与，延长内容生产线

一个人既是内容的生产者，又是内容的享用者，这是新媒体内容运营的最大优势，也是较之传统媒体的最大不同。在传统媒体时代，这种特性表现得不是很明显，很多时候两者甚至是完全割裂的，呈现出运营者生产内容与粉丝享用内容的单一局面。而在新媒体时代，内容生产者与运营者是互逆的，运营者是内容的生产者也可以是享用者，粉丝是内容的享用者也是内容的生产者。

传统媒体与新媒体内容生产的区别如图7-6和图7-7所示。

传统媒体
运营者
生产内容
粉丝
享用内容

图7-6　传统媒体内容运营示意图

新媒体
运营者
生产内容
粉丝
享用内容

图7-7　新媒体内容运营示意图

在内容运营中，因主体的不同可分为三种方式，即UGC、PGC、OGC。

UGC，是User Generated Content的缩写，中文意思为“用户生产内容”，即网

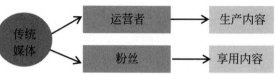

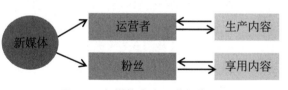

友将自己DIY的内容通过互联网平台进行展示或者提供给其他用户。以论坛、博客为代表的Web2.0，以社交平台、微博为代表的Web3.0相继流行，都得益于这种模式的发展。随着移动互联网的发展，内容创作进一步被细分，有了PGC和OGC。PGC（Professionally-generated Content），即专业生产内容，OGC（Occupationally-generated Content），是职业生产内容，三种内容输出的关系如图7-8所示。

从图7-8中可以看出PGC、UGC、OGC三者之间的关系，具体表现在PGC、UGC既有相同之处又有区别，PGC、OGC也有相同之处又有区别，UGC和OGC一般没有交集。

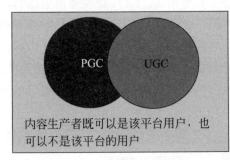

图7-8 三种内容输出的关系

PGC、UGC的相同之处表现在内容生产者既可以是该平台的用户，也可以是非用户。如某媒体既可以接受自己工作人员，如采编、编辑的稿子，也可以接受普通观众的投稿，新浪头条既可以接受新浪博主的投稿，也可以接受其他人的投稿。那么，对于该媒体、新浪头条来讲，自己的工作人员，如采编、编辑、博主的内容就是PGC；其他人的内容就是UGC。

PGC、OGC也有相同之处，表现在内容生产者都有专业（资质、学识）背景，无论是职业的还是非职业的，前提是以提供相应内容为职业（职务），如媒体记者、编辑，或以写稿为职业领取报酬，具体如图7-9所示。

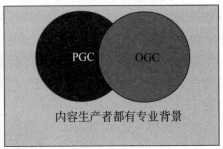

图7-9 UGC、PGC、OGC三者之间的联系

UGC、PGC和OGC三者之间的区别，如图7-10所示，UGC、PGC的区别在于有无专业学识、资质，在于所共享内容的领域是否具有一定的知识背景和工作资历，UGC无，PGC有。PGC和OGC的区别相对容易，以是否领取相应报酬作为分界，PGC往往是出于"爱好"，义务、免费、不求回报地贡献自己的知识而形成的内容；而OGC是以职业为前提，其创作动机多出于职业性，获取报酬。

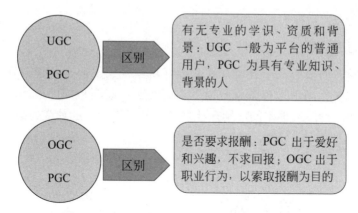

图7-10 UGC、PGC、OGC三者之间的区别

网络直播作为新媒体的代表，融合并深化了三者的关系，将UGC向PGC和OGC发展，既降低了成本，又能增加用户黏性，可谓一举两得。

从UGC到PGC和OGC的发展以及融合，看上去是视频网站的一轮发展史，但这其实是整个网络文化的发展史，从早期的粗制滥造，到中期的巨资引入，再到现在的生态产业链一体化下的精品战略。PGC能否给视频网站带来差异化的竞争以及摆脱版权的泥沼，这是一个十分值得探讨的话题。

UGC和PGC对微信的社交化提出了更高要求，无论是UGC，还是PGC，比拼的是全面、综合的实力。这就要求视频网站必须进一步提高自己、完善自己，既要为用户提供必不可少的拍摄工具，达到完美体验，又要对用户进行扶持，提供更多的服务，增强赢利变现能力。更重要的是要与粉丝进行互动，向"媒体+社区"的方向转变。

7.5 培养特定的受众

粉丝经济时代，每个人都是别人的粉丝，也希望有自己的粉丝，并忠诚于自己。特定的受众，换句话说就是最忠诚于自己的那部分粉丝。

粉丝对树立主播形象、扩大主播品牌影响力有着重要的推动作用。同时，粉丝意味着利益，谁拥有大量的、高质量的粉丝，就意味着找到了一座金矿。哪怕只是一个草根主播，只要拥有了大量的粉丝就可以获得较大的经济收益。

在认识到粉丝的作用后，重点就是如何培养，即如何才能拥有忠诚的粉丝，并充分发挥粉丝的作用。通常来讲，圈粉的方式有4种：一是打造社群，建立在线社区；二是通过微信、微博等社会化媒体，对粉丝实行精细化管理；三是与其他主播进行有效的互动；四是要经常关注网红主播、大咖主播们的更新动态，与他们沟通和交流。

（1）打造社群

粉丝经济的核心在于社群，因此做好粉丝营销的前提是运营好社群。那什么是社群呢？简单地理解就是很多人聚集在一起而形成的群体，但社群又不同于普通的群，最根本的区别是社群必须是基于一定的社交关系，如图7-11所示。

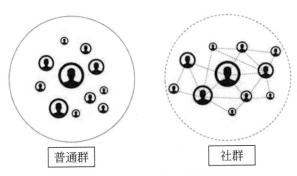

图7-11 普通群与社群的区别

社群重点在于它的社交性，如果将社群分开就很容易理解了，社群是社交+群体，或社交平台+社交方式。人人网、微博、微信，或者其他任何一种社交工具上的群都是这样的，每个群背后都承载了一个平台。只要有了这种工具的搭建，并形成某种社交关系，才能称为社群。

建立社群之后，还需要投入专门的人力、物力和财力进行管理和运营。社群就像是企业的一个部门、一个团队，只有在科学、合理的运营基础上，才能正常运转、发挥自身的作用。

于是，越来越多的网络直播开始建立一个属于自己的在线社区或者其他形式的社交群，吸引活跃粉丝在社区上互动。例如，一位名叫IR小潘潘的主播，在直播时建立了爱潘团，在线的粉丝可随时加入，成为其中的一员。如图7-12所示。

有些主播还将社群所聚拢的用户资源开放给外界，当然，这样做的目的是基于粉丝需求、围绕自身所在的领域，吸纳更多的人参与进来，从而为用户提供更多、更全面的服务。

从客观上看，资源共享可以为用户提供更多的资源和机会，而社区的"特定品牌"标签也会因此得到强化，更容易增加对潜在大众的吸引能力。更为重要的是，这种看似无私的奉献行为，不仅有助于形成超强的粉丝黏性，还可以颠覆传统的赢利模式。即不再单纯依靠网络直播赚得收入，还可以吸收诸如企业、社会团体入驻，收取额外费用。可见，利用社群沉淀的用户优势，可以大大提升自己的影响力和价值，拓宽赢利渠道。

（2）精细化管理

随着大量新媒体的兴起，微博、微信、QQ等已成为社交、企业营销的工具，无论是个人还是企业，都希望借助这样的工具，与消费者进行沟通，将一些信息精准地传递给对方，或为对方提供更为便捷的服务。

其实，也正因为此，不少人放大了微博、微信等这些社交工具的价值，导致有些主播在推广时往往也只关注粉丝的数量，从而出现盲目追求粉丝的浮躁之风，将追求粉丝量的增长当成唯一的目标。

无论微博、微信还是网络直播平台，之所以能成为新媒体的主要工具，是因为它们可以拉近与粉丝的距离。如果盲目追求粉丝量，而不注重

图7-12　IR小潘潘主播与其粉丝团

内容、服务的提升，不注重粉丝的真正需求，就会偏离做粉丝营销的初衷。因此，做好粉丝"精细化"管理很重要。

在企业管理中，精细化管理已经大行其道。所谓的精细化管理，就是强调在运营过程进行管理，重在对过程的控制，通过积累过程中的各类数据指导实践中的运营。对粉丝进行精细化管理，关键是要找准粉丝的兴奋点，粉丝对信息的传播必须基于一些兴奋点，而这些兴奋点彼此之间是有差异的，有的可能单纯对各类优惠活动有兴趣，有的则可能关注产品或者行业的信息，只有在运用中不断记录每个互动粉丝的偏好（也就是对每个互动粉丝进行标签标记），才能"投其所好"，才能通过粉丝的传播实现营销效果的最大化。

（3）加强与其他主播的互动

这里的互动主要是指与别人互粉、互转、互赞，这是有技巧的。先说互粉，得找到与自己等级差不多的主播，而且是经常在线的活跃主播。如果直接找大号，对方可能会无视你；如果盲目找，很有可能会碰到一些"僵尸号"，关注这样的账号更是没有效果。现在，大部分平台都规定每个直播账号每天最多可关注200人，上限为10天，也就是说一个账号最多只能关注

2000人。

如何最大程度地利用好这2000个名额，需要掌握一些技巧。例如，只与同等级的账号关注，关注后再去关注他们排在前十名的粉丝，这些可能都是与你互粉意愿最大的人群，回粉率可能高达40%～50%。

当关注数封顶后，此时就要去粗取精，争取提高粉丝的质量。具体的方法是先查看自己已关注的粉丝里面有没有添加自己为好友的，或者经常与自己互粉的。如果有就留下，没有的话很有可能就是"死粉"，可以说价值不会太大，则可以拉入黑名单，删除他们。这样就可以留出更多的名额去关注新的潜在粉丝。反复多做几次，一个账号的关注量上限其实就不止2000人，同时还可以保证粉丝的质量。

另外，在互粉的同时要多与他们互赞、互转，这样也可以大大增加自己视频的曝光率。积极关注热门标签。每天定期关注平台上那些热门标签的变化，按照自己视频的主题关注，并添加相应的标签，如果能得到该板块内容的热点主播、网红主播或官方的推荐，被曝光或关注的概率就会大增。

（4）支持大咖，获得关注和转发

在网络直播平台上，经常会看到一些拥有几十万、上百万粉丝量的主播，他们一般都是活跃度、被关注度非常高的主播，如果能得到他们的一臂之力，或写一条评论，或转发一下，无疑会吸引更多的粉丝关注。

当然，想要获得这些大咖的青睐，首先得多发高质量的视频，这是最关键的，没有好的内容一切都是浮云。在保证内容质量的基础上，还要做好沟通。例如，多关注他们的动态，了解他们的上线时间和粉丝的互动时间等。在这期间，也要对他们的视频进行评论，以引起他们对自己的足够重视。为了能充分凸显出自己，评论的字数要尽量多点，刚开始就是单纯评论、赞扬，避免直接要求转发或点赞，要让对方知道自己是最懂他的粉丝。心急吃不了热豆腐，要想达到预期目标，就必须有一个过程的积累，然后才能水到渠成。

总之，没有粉丝什么新媒体都玩不转，传统经济时代我们往往看重的是数量和规模，互联网营销时代看重的却是质量。粉丝不是一般的爱好者，而是最优质的目标消费者，是有些狂热的痴迷者，更是下一个新产品的制造者。

7.6 注意直播的方式

网络直播之所以能够在短时间之内迅速超越之前的视频、微博、微信等传播方式，很重要的一个原因，就是多样化、个性化的呈现方式能充分地调动观众的听觉、视觉、感觉等，大大强化了体验性。

但具体到网络直播中来,这种呈现方式又可以再次细分,如严肃式、幽默式、自嘲式的呈现方式等。因此,对于主播来讲还需要形成自己的直播风格,结合自身的优势和特点摸索出一条属于自己的路。为了更好地辅助主播形成自己的直播风格,现将最常见的几种直播方式简列如下。

(1) 娱乐幽默式直播

前面多次提到,直播的受众群体绝大部分是都市中的年轻一代,以80后、90后、00后为主。而他们正值奋斗的年龄,生活、工作、学习等方面的重重高压接踵而来。高压时代更需要一点娱乐精神,能让人在了解更多信息的同时,笑一笑,将紧绷的身心放松下来。

因此,很多主播往往喜欢以娱乐、幽默的形式来直播,也自然更容易迎合年轻人的心理需求,吸引大多数人的关注。采用类似方式直播的有很多,如脱口秀、搞笑连麦等。例如,在YY脱口秀直播板块中,排在前列的基本都是幽默式的直播。

娱乐、幽默的直播方式在给大家带来快乐的同时,也能易于被人接受,而且能带动现场气氛,巧妙地掩盖主播的缺点,放大闪光点。

(2) 新闻式直播

这种方式是指采用新闻报道的形式,通过娱乐化的语言对社会事件、现象进行转述、评论和调侃。这样的形式既不会像新闻那样严肃,又能客观地再现事件本身,传递信息的价值。

案例2

如糗事百科有一个栏目——小鸡炖蘑菇,就采用了这种直播方式,如图7-13所示。它将所有直播的内容以盘点的形式,将事件的核心内容说出来,虽然采用的是新闻体,但观点新颖,语言诙谐幽默,非常容易接受。

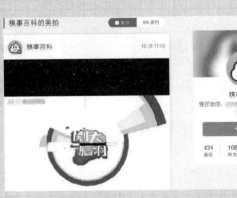

图7-13 糗事百科中的小鸡炖蘑菇栏目

(3) 表演式直播

表演式直播是指主要通过非语言形式，或只将语言当作辅助手段的直播方式，如舞蹈、魔术，以及一些主要靠肢体动作、表情来完成的表演等。当然，这种表演不是纯粹的自顾自表演，还要配合互动。由于缺少了语言交流，其他形式的互动就显得更为重要。

案例3

看看一面包坊的小伙是如何在美拍上直播做面包的，如图7-14所示。在整个直播过程中，小伙很少说话，基本上全是在做面包。同时，他会给粉丝留出互动的余地，与粉丝边看边交流，他还会根据粉丝的发言做些简单的互动，如展示下粉丝想吃的面包，时不时地试吃一下，"勾"引粉丝的食欲，这场直播前来围观的粉丝高达2000多人。

图7-14 网络直播做面包的过程

(4) 自吹自擂式直播

自吹自擂有点"王婆卖瓜"的意思，但确实容易形成粉丝效应。中国人大多爱看热闹，假如一个游戏主播花钱登上了该游戏的首页，并限期在整个游戏所有服务区重点推荐，那他的粉丝量这一时期内必然会增多。一些游戏玩家即使对其不太了解，也会在好奇心的促使下，前去看看其所做的直播。

毫无疑问，这种自吹自擂式的宣传能让主播快速吸粉，不过前提条件是，作为主播一定要有一技之长，才艺绝伦。这里说的才艺不是什么唱歌、跳舞，而是能够吸引粉丝的闪光点。

7.7 精心策划直播主题

对于大多数主播来讲，做一场网络直播，一是为了树立自己形象，二是为了品牌推广、销售产品。无论是哪种目的，都必须通过一定的主题活动才能吸引更多粉丝，以达到预期效果。从活动类型上看，运用最多的有4种形式，分别为话题讨论、有奖征集、线上线下互动、产品促销和广告植入。

直播主题的策划方式有四种，下面通过具体的案例一一说明。

（1）现场（视频）展示

案例4

蘑菇街是国内最有特色的购物电商平台，专注衣服、鞋子、箱包、配饰和美妆等女性时尚消费品。蘑菇街视频中有一个小栏目——美丽实验室，会定期介绍自己所销售的产品。蘑菇街首次与《BAZAAR》CITY BUYER合作，进行为期10个月的全球旅拍摄影，美景、美人融为一体、相得益彰，带给粉丝别具一格的感受。

在整个过程中，蘑菇街充分利用了直播媒体的社会化属性，深度布局，宣传介绍产品。如图7-15所示为介绍某款蜡笔唇膏的视频，直播演示产品的特点、用法以及注意事项等。

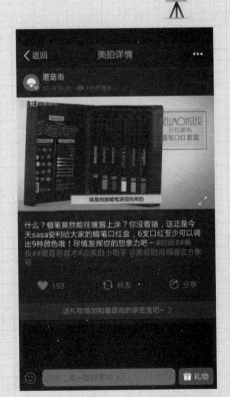

图7-15 蘑菇街视频展示某款蜡笔唇膏

作为首批尝试网络直播营销的电商，蘑菇街可谓是收获满满。该视频在短短几个月内得到了6万多次传播。不但从其他平台引流来不少很多已有的粉丝，而且吸引了很多新粉丝。

（2）线上话题讨论

案例5

尚脸科技——中国第一家F2C（Factory to Customer，工厂到客户）国际电商运营平台，以销售和推广美肤产品为主，全部产品为欧美原装进口。该公司曾经在美拍上发起了一个名为#编发教程#的话题讨论活动。这次活动是以在线上发起话题为主，通过粉丝的参与，来达到宣传的目的。

如图7-16所示为化妆造型师发起的#编发教程#话题。喜欢这段视频的用户可以边看边参与讨论，留言发表意见和建议，如图7-17所示。这段编发教程话题发起后，得到了大量粉丝的追捧，好评不断。

图7-16 #编发教程#话题发起截图　　　图7-17 #编发教程#话题评论区截图

(3）以利诱人

案例6

以销售厨房调味品为主的商家——味美人生，依靠网络直播平台来促销产品。他直接将美拍当作自己的线上销售平台，以一道道美食为诱饵，引导用户关注自己，然后再将卖什么产品、如何卖、在哪儿卖公之于众，直截了当的呈现在用户面前。出于自身需要或某种利益需求，很多人会关注该账号，并进行更深层的交流，如图7-18所示。

图7-18 味美人生的体验

（4）线下体验互动

案例7

2013年12月，重庆晨报联手微视报道了中国汽车飘移锦标赛重庆站赛事。微视对赛事进行了车内车外多角度的直播，让不在现场的车迷们第一次近距离地感受到了汽车飘移带来的刺激，如图7-19所示。

网络直播将赛事的真实场景完全展现给粉丝欣赏，这比任何图片和文字都更能让用户清晰、深刻地了解这些爱车。这一次，汽车漂移锦标赛通过直播，开启了新媒体的精准营销时代。

图7-19 中国汽车飘移锦标赛重庆站赛事

7.8 把控直播推送时间

类似于微信公众号中的订阅号信息,当好友更新后,信息是折叠呈现的,系统只给出更新的提示,却没有给出具体更新了多少条信息、谁在什么时间更新了哪些信息等。在这种情况下,很多信息就会被用户忽略掉。

对于用户来讲,这并不是什么大问题,也就是无法及时观看最新发布的视频而已。但站在企业、商家,或者视频发布者的角度再想这个事情,问题就来了,这说明所发送的很多视频信息用户根本无法看到。因此,视频发送者在推送视频时,要遵循一定的规律,掌握一定的技巧,抓住用户最佳的观看时间。

经过对众多视频推送规律的总结和分析,大致有3个比较集中的时间段,分别为早、中、晚,晚上22:00~23:00峰值最高为10;其次是中午12:00~13:00峰值为8.5;第三个为早上8:00~9:00峰值为7.9,具体如图7-20、图7-21所示。

从图7-20和图7-21中可以看出,这3个是曝光量最高的时间段。因此,一天中最佳的网络直播时间可集中在这3个时间段,也可根据具体情况上下波动。

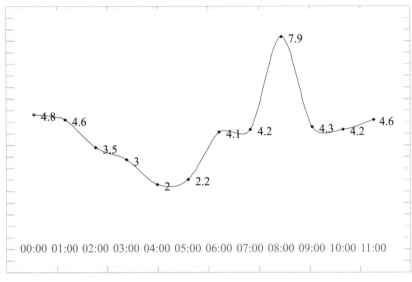

图 7-20　24 小时中视频浏览峰值示意图 1

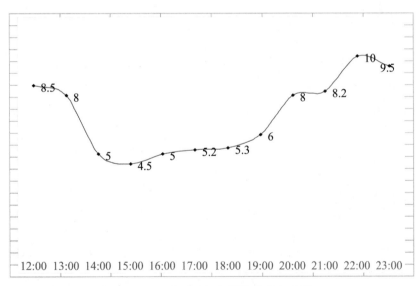

图 7-21　24 小时中视频浏览峰值示意图 2

（1）早晨 8:00 ~ 9:00

这段时间是大部分人起床或早餐时间。在这段时间内大多数人会有短暂的空闲，再加上经过一晚的休息，清晨神清气爽，心情较好、较为放松。很多人会打开手机看看昨日的新闻趣事。如果此时推送些主题较为轻松的消息，用户接受起来也比较容易。

（2）中午12:00～13:00

这段时间正值大部分用户午休或是用午餐的时间，也是一天中比较长的一段空闲时间。一上午的工作已经或马上结束，可以推送些比较容易接受的，且不用花太多时间思考和研究的内容，如社会新闻、事件等。

（3）晚上22:00～23:00

这段时间是大多数运营者最为关注的一个时间段，也是用户一天之中最可能安静下来专心看书或浏览信息、思考的时间。一天的疲惫也刚刚被卸除，对外部信息接受度最高，因此也成了微信公众号信息的高发期。

上述三个时间段是最适合推送视频内容的，推送后效果往往会事半功倍。然而，这并不意味着就可以高枕无忧了。严格地按照这个时间段定时、定量发送也是不科学的，正确的做法是结合实际条件而定。

如组合推送，这是建立在对观看群体数据分析的基础上，根据用户观看时间的统计，以观看群体特定的需求顺延或推迟，及广告的曝光量而定，采取不同的时间策略。例如对于学生族来讲应该是早8点以前或者晚5点以后；而对于上班一族来讲则可以推迟到早8:00～9:00和晚6:00～8:00点，以让他们充分利用上下班的碎片化时间观看。

除了在相对固定的时间发送外，还需要掌握时间的灵活性，也就是说在某些特定的时间段，如为满足企业新品发布的需要，在促销日或者遇到比较紧急的通知，有相关的重大社会热点事件等。

案例8

每年的"双11""双12"都会引发一轮网购潮，这个时候几乎所有人每时每刻都给予了高度关注。可以说，这几天所有的时间段都是微信、直播发送的黄金时期，即使是信息轰炸，用户也乐意刷新手机。

关于推送时机，每个直播平台都各有不同，仁者见仁，智者见智。值得注意的是，推送时间不可随意改变，在同一时间固定推送，有利于培养粉丝的习惯。例如，花椒旗下的一位当红女主播，她的直播时间是每天上午9点到中午12点，下午非特殊情况则基本上不会再工作。因此，粉丝都逐渐知道了她的这一规律，每天上午都会定期关注。

要想玩转粉丝经济，不但要拥有大量的粉丝，而且还必须与粉丝建立稳固的关系。这样才能最大限度地发挥粉丝的作用，让粉丝产生价值。

7.9 将用户利益放在首位

与粉丝建立稳固关系,就必须站在粉丝的角度去考虑问题,清楚他们需求什么、愿意以什么方式去接受。如小米、杜蕾斯这样的企业,之所以有如此忠诚的粉丝,与他们积极迎合粉丝需求、解决粉丝实际问题息息相关。

那么,该如何做呢?经总结,可通过以下4个方法来实现。

(1)有效激励——促销活动

天下没有免费的午餐,尤其是在互联网的虚拟世界中,人与人之间的关系缺乏足够的信任。要想取得粉丝信任就必须先让对方看到好处,否则谁也不会无缘无故地去关注一个陌生人。小米手机之所以能够引发粉丝快速、爆炸式的传播,靠的就是有奖转发激励政策。如图7-22所示为小米手机曾经做的一次活动。

(2)沟通互动——增进感情

互联网改变了人类的沟通方式,让我们拥有了"千里传音"的神功。做网络直播营销,一定要注意与粉丝的情感互动,这样粉丝会感受到被尊重和重视,对企业的好感会大大增强。但值得注意的是,交流要回归交流的本质——情感交流。

互联网也是有感情的,不能只流于表面,而要付出感情,引起与粉丝的情感共鸣。这点做到位了,即使他们与你所销售的产品没有直接关联,也会关注你,记住你,为你间接带来用户。

(3)挖掘需求——做好需求分析

只要能满足用户的需求,用户就会认可你,并成为你的粉丝。有了粉丝就可以挖掘他们隐性的需求,并根据需求去给他们推荐产品,或者服务。

那么作为一名从事美容整形专业的主播,应如何通过网络直播挣钱?肯

图7-22 小米手机转发有奖活动

定是要先满足用户的第一需求,即通过直播进行最真实的展示,让对你的产品或服务仍有质疑的人更多地去了解。要知道,其实每个人都是爱美的,都希望借助外部条件提升自己、装扮自己,让自己变得更漂亮。只不过由于不太了解,对某些化妆产品或美容服务存有恐惧心理,当她们认可你之后,接受起来就会容易很多,这时直播就很好地起到了化解双方误会和隔阂的作用,而且由于音频传播的优势,进而可产生更深层次的互动,极大地缩短消费者从认知、认同到购买的过程。

(4)提供服务——值得信赖

由陌生到认知,由认知再到感情升温,最后一步就是让粉丝产生信赖。要实现最后一步,企业必须通过网络直播平台给粉丝提供最真实、最有价值的服务。当粉丝认可卖家所提供的产品和服务时,粉丝经济就可以直接变现了。

案例9

锋潮测评室是国内最大、最专业,用以向用户提供IT立体视频评测咨询服务的企业。便于用户更好地了解和购买数码产品带来的全方位服务,锋潮测评室在其美拍账号视频中几乎每天都会推出相关视频——每日潮资讯,这已经成为很多电子数码产品发烧友离不开的一个网络直播社区,如图7-23所示。

图7-23 锋潮测评室为用户提供的服务

7.10 多互动,增强粉丝黏性

传统媒体方式所针对的人群往往是未知、不确定的,之所以这样说,是因为在做宣传时,根本无法对宣传对象进行明确的界定,也不知道谁会对自己感兴趣。如果感兴趣,又能参与到什么程度?总体来讲,盲目性非常大,很多时候只是一厢情愿地向对方灌输,缺少基本的互动和反馈,这也是传统社交中付出很多,效果却不明显的主要原因。

网络直播大大强化了双方的互动性,且是即时的,规避了有交流无互动的盲区。做网络直播,其实就是做互动,其核心就是与粉丝多交流、多沟通,让双方的行为建立在一种高度共识上。通过互动可挖掘每个粉丝的潜能,使埋藏的"欲望"鲜活地呈现出来,为获取更好的流量奠定基础。

互动,是最快速的增粉方法。对于主播来讲,除了做好内容外,最主要的就是要勤于互动。互动重在激发粉丝参与,那么,该如何鼓励粉丝参与?必须通过一定的形式,从参与类型上来看,主要有以下3种方式。

(1)问答

即通过回答问题的形式让粉丝参与到营销活动中来。卖家可先设置一些比较简单的问题来考验粉丝,或诱导消费性参与问答。这些粉丝通常都有一定的知识基础,获取到的用户数据、消费体验会更加直观。这种形式的互动比较适用于美容、母婴、珠宝、手机、家电等与大众生产、生活、工作、学习息息相关的日常用品上,以便所互动的问题能真正解决观众的一部分困难。

案例10

一个名为"手机问题速答"的主播与粉丝分享的直播视频,如图7-24所示,他在网络直播中可快速回答粉丝们提出的问题。由于手机现在是每个人的必备品,经常出现这样或那样的问题,而自己又无法很好地解决。因此,这样的网络直播可谓是迎合了大多数人的刚性需求。

图7-24 网络直播中的问答性互动

使用这种方式的目的在于调节气氛,提升观众的参与度。除了正常问答外,厦门某化妆品卖家还用这种方式直播举行活动,来定期维护和老粉丝之间的关系,以及开发、推广新产品。缺点是需要一定的策略来激活他们。如增加奖品的诱惑力、增加问答抽奖的不确定性,还可以不定时地举办抢答、速答、开放性问题讨论分析活动等。

（2）竞猜

竞猜的互动形式运用得也非常多,如每逢欧洲杯、奥运会等重大体育赛事,很多商家就会在活动期间利用微博开展竞猜活动。例如,2012年Kappa通过开心网开辟了专栏——粉丝竞猜,并且动员大家抽奖、号召分享。对于卖家来说,这样的活动完全可以照搬到直播中来。

值得注意的是,竞猜活动一定要与直播的内容保持高度一致,这样才能与直播内容形成呼应。例如对于直播唱歌、音乐的主播来说,可以做一场看嘴型猜歌名、看歌词猜歌名、听前奏猜歌名等类似的竞猜互动,如图7-25所示。

图7-25 网络直播中的竞猜式互动

这种形式的优点在于能引发受众参与的积极性,缺点是对事件的依赖性比较大,即时互动性较差,很难从粉丝身上获取有效的信息。如何将互动与促销活动联系起来以便加深品牌印象则需要多加注意。

尽管每种互动的方式不同,但总体目的是相同的,就是为了充分调动粉丝的情绪。至于该采用何种方式,则要根据实际情况而定,最基本的原则有两点,第一,必须有利于粉丝的活动;第二,是与此次活动的出发点和落脚点保持一致。

（3）亲身体验

体验是一种特定的互动形式,有趣的游戏会让受众停留的时间大大提高,黏性也非常高,而且很多粉丝为了奖品会多次玩游戏。这种参与类型因为其门槛不高,适用的类目也很广泛,所以是被采用较多的一种互动方式。

案例11

京东商城中有很多商户为了吸引消费者关注自己的产品,尤其是一些操作性较强的产品,如数码产品、VR眼镜等。如图7-26所示为戴尔、品铂等专卖店所做的体验式直播,以吸引用户体验。

图7-26　网络直播中的体验式互动

体验式的具体做法是设计一个特定的情景,要精简、趣味性强、易上手,以便粉丝立马就可以参与进来,再加上体验的真实性和趣味性,通常很容易强化粉丝的黏性。而且这种互动方式的限制条件较少,适合穿插在任何类型的网络直播中。

第8章

技能——主播的自我管理和直播技巧

网络直播催生了一大批直播网红，这些人不仅工作自由、拥有众多粉丝，还有可观的收入。这也使很多人想往职业网红这条路发展。网红作为一种新兴职业，已经受到年轻一代的热捧，但是成为一个受欢迎的主播没有那么容易，更没有什么捷径。就像做任何职业一样，成功的前提条件就是过硬的技能加上万分的努力。

8.1 设备的选择

网络直播这种新型的信息传播方式，与其他传统传播方式最大的不同是需要借助多种设备才能达到传播的效果，而且为了更好地保证直播的效果，必须优选设备，将各种设备调试到最佳状态。

工欲善其事，必先利其器，那么，做一场网络直播通常需要哪些设备？这需要根据不同的网络直播场景来区分，不同的直播环境、直播场景，设备也有所区别。

从直播的环境和场景来分类，可分为室内直播和户外直播两种。接下来就对两种不同直播类型所需的设备进行详细介绍。

（1）室内直播

① 单独的房间

做室内直播首先需要一个单独的房间，且房间隔音效果要好，以免受到外界的干扰，影响直播的效果。同时，需要对房间内的环境进行简单的装饰，尤其是呈现在镜头前的部分，一定要精心布置，尤其是灯光的亮度、颜色的搭配等（详见8.3节、8.4节）。

② 电脑、手机或iPad

直播的主要工具是电脑或手机，直播客服能为PC端直播和移动端直播。PC端直播用电脑，移动端直播主要用手机。

PC端直播需要一台电脑、一台服务器（10M独享）、一个视频设备（USB摄像头或专业摄像机）。如果使用专门的摄像机，电脑上还需要有一个与之匹配的接口。

移动端直播主要是用来做手机直播的，条件允许的话可用直播专用手机；如果是非专用手机，直播前需要将手机调整进入飞行模式，避免一旦电话进来而直播中断。另外，建议再准备一个iPad，这样便于看评论，与粉丝互动。

此外，需要注意的是，用手机直播时，为更好地固定设备，可购买一个专用直播支架，如图8-1所示；或圆圈直播灯（可同时补光），如图8-2所示，可将手机置于圆圈灯中间。

③ 耳麦或无线麦克风

除了画面会影响观感，直播时的音质控制也是很重要的。为了减少杂音和获得较清晰的声效，可以使用手机自带的耳麦，可有效提升音质，如图8-3所示。

不过，手机自带的耳麦也有其劣势，由于是有线耳麦，容易受到范围的控制。这时，可选择使用具有智能降噪功能的无线手持麦克风，如图8-4所示。

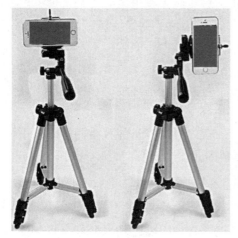

图8-1 专用直播支架

图8-2 圆圈直播灯

图8-3 手机自带耳麦

图8-4 无线手持麦克风

(2)户外直播

现在有一部分主播专门做户外直播,以游玩的方式为广大宅男、宅女带来欢乐。要玩转户外直播,除了需要基本的手机、APP平台及畅通的网络外,还需要有以下几种设备。

① 充足流量的3G/4G高速上网卡

比起室内直播,户外直播的难点是如何解决网络问题(在室内Wi-Fi就可以搞定所有事情)。网络直接决定着直播画面的流畅程度,在网络状况不好的环境下,画面出现断断续续,甚至黑屏的情况,会影响到观众的观看感受。因此,为了流畅地直播,需要选择信号稳定、流量充足、网速快的上网流量卡。事实证明,如果开高清直播,4G网络明显会更流畅些。

② 高档配置的4G手机

做户外直播手机是必不可少的(macbook air或surface也可,但不太方便),最好选购中高端配置的苹果或安卓系统手机,因为CPU、摄像头都比较好,既能满足直播过程中的高编码要求,又能解决直播软件的兼容性问题。

在摄像头的选择上,很多人有这样一个误区:认为必须是具有美颜功能的手机,其实并不一定。是否有美颜效果,与手机本身是否有美颜功能没有关系,而要看直播平台是否支持美颜,大多数直播平台都自带美颜效果。因此,手机直播画面的美颜效果很大程度上取决于直播平台,并非手机。

③ 手持稳定器、户外运动相机

旅游直播难免会四处走动,由于手机摄像头的防抖功能有限,即使有的手机有光学防抖功能,但最好也要借助设备辅助,以保证拍摄效果和画面稳定性。因此,如果自认"抗抖能力"不太强,可选择搭配手持稳定器来进行直播,如图8-5所示。这样一个稳定器,价格通常在一两千元不等。

如果需要更好地呈现画面,可使用不同的附件——运动相机,如图8-6所示。虽然这会增加一定的直播预算,但确实可以很大程度上提高直播质量和帮助稳定画面。不能满足于手机视角的户外爱好者,可选择品类众多的运动相机,其具有佩戴方式多样、小巧、拥有广阔视角和可拍摄慢速/4K等优势。

④ 自拍杆

自拍杆在直播时可以呈现更大的场景,使用自拍杆可以延伸臂长获得更加完整和

图8-5 手持穿戴稳定器

图8-6　运动相机

充足的画面空间，这样手臂不容易疲劳，也不易出现"大头"画面，使视频直播呈现出一种连人带景的现场报道的感觉。

　　自拍杆也有非常多的品种，如线控的、蓝牙的、镁光灯补光美颜的、多角度自由翻转的等。就户外直播来说，自拍杆补光灯一体化设计和满足多角度拍摄的会更受欢迎，因为即使身处在背光或弱光情况下，也可以游刃有余地淡定直播。线控自拍杆如图8-7所示。

图8-7　线控自拍杆

　　户外直播需要随时给设备补充电量，无论是手机，还是无线路由及各种附件用电量都巨大，所以还需要准备一个大容量的充电宝，以保证户外直播的正常进行。

8.2　主播服饰的搭配

　　在人际交往中，给人最直接、强烈视觉感受的便是一个人的着装。正如美国最优秀的销售大师法兰克·贝格曾说："外表的魅力可以让你处处受欢迎，不修边幅给人留下第一印象时就失去了主动。"显然，一个毫无着装观念的人是不合格的。

网络直播对着装的要求较高，得体的服饰无形中会增加主播的个人魅力、提升主播的内在气质，从而为吸引粉丝奠定基础。自从2016年年底以来，无论是国家层面还是行业层面，都对直播主播的服饰做了最基本的规定，其中很重要的一个原则就是不能过于暴露。

因此，作为主播不要以穿着暴露的服装来吸引眼球，以免被有关部门封杀。在服饰的选择上必须按照国家的法律法规、网络直播平台的相关规定进行。只要符合了这点，在具体的类型、款式、颜色上都没有硬性要求，相对于传统行业而言，直播业在服装上的选择自由度还是比较高的。

不过，网络直播作为一种社交性的社会活动，在穿戴上还是要注意一些技巧。总体上讲，要以自然、大方、个性化为原则，不能过于随意，并且要兼顾到直播内容、直播的环境、面对的受众等，争取在多个层面上保持一致。

对于主播而言，常见的网络直播服饰包括礼服、休闲服、旗袍、民族特色服、运动服等，可根据具体情况进行选择，如图8-8所示。

在具体服饰的选择上，还需结合网络直播的内容类型、主播的喜好、场景等多种因素。例如，直播的是具有民族特色的内容，最好选择具有特色的民族服饰；直播与舞蹈、运动、体育有关的内容，则选择休闲、运动服为佳。从适用范围上来看，礼服最为大众化，且由于服饰的样式、颜色可选择的余地比较大，适合于多种场合的网络直播。因此，如果直播内容对服饰没有特别大的要求，且在服饰的选择上又难度较大时，可统一选择小礼服或休闲服。

图8-8　主播服饰的类型

8.3 直播间背景的设计

直播间的背景,对整个房间的大环境起着重要的衬托作用。好的背景色可为整个房间画龙点睛,凸显出主播的位置感,同时给观众营造良好的观看感受。

当然,在具体的布置上没有统一的硬性标准,因人而异,因地而异,也与主播的喜好有关。这里只强调一个原则,即不要犯一些低级的,或者可能会引起观众视觉不适、心理抵触的错误。

那么,直播间背景设计的原则主要包括哪些呢?

(1)背景主色调要与大环境、主播格调一致

这里的格调通常包括妆容、服装风格、样式、颜色等,背景与格调若能保持一致,会给人以一种浑然一体的感觉。如图8-9所示为截自某网络直播平台上3个直播间的画面:(a)背景为简约派,以素色为主的现代风格,高端大气;(b)背景是具有蒙古族特色的民族风情式;(c)背景是以山水画风格为主的古典式。

(a)以素色为主的现代风格

(b)具有蒙古族特色的民族风情式

(c)以山水画风格为主的古典式

图8-9 装饰背景与主播服饰相一致性示例

仔细观察一下，图8-9（a）、图8-9（b）、图8-9（c）中，无论是简约式的现代风格，淳朴的民族风格，还是带有唯美情调的古典风格，它们都遵循了一个原则，即高度一致原则，背景色与直播间的大环境、主播的着装都保持了高度的一致性。

背景主色调与大环境、主播格调一致，是直播间背景布置应坚持的第一原则，否则，会直接影响到观众的心情和心理变化。试想一下，图8-9（b）或图8-9（c）中的主播，坐在图8-9（a）这样的直播间里，会给观众一个什么样的视觉感受？

（2）背景设计要兼具外在美和内在美

直播间的背景无论如何设计，都必须有利于网络直播的开展，也就是说，设计首先必须服务于内容。有什么样的直播内容，就用什么样的外在设计去配合。有时只有内在美还不够，还需要外在美去体现，这需要在设计上多运用点、线、面等要素，同时在颜色、造型上要精雕细琢，使整体和谐统一而富于变化。

例如，一个男性DJ进行音乐直播，他需要的背景就是一个看上去比较沉稳、略显霸气的环境，且光线感要十足，这时的背景就应该用些暗色调的，最好用些LED灯光，如富有动感、朝气的绿色系，清凉、浪漫的蓝色系等，如图8-10所示。

图8-10 直播间背景装饰图

主播如果是一个爱好音乐、活泼可爱的小女生，在背景的布置上应该以淡雅为主；背景墙的层次要丰富、显得错落有致；在颜色的选择上以暖色调为主，灵透雅致的浅蓝系、欢快而柔美的粉红系等，如图8-11所示。

图8-11 直播间背景装饰图

(3)注意细节,恰到好处的点缀

其实,直播间的布置没有那么复杂,不一定要多么富丽奢华。有时一点点恰到好处的点缀就够了。比如,墙上的一幅水彩照或风景画,素净而文雅,看起来充满艺术气质;简单的几盆花朵,也会给人以温暖;家具边放一个或几个卡通人物玩具,也许会成为最好的装饰,如图8-12所示。总之,不要忽视一些小细节,多在小细节上下功夫往往会起到事半功倍的效果。

图8-12 直播背景布置的细节

8.4 直播间视觉效果营造

视觉感受,是一个人所有感官系统中最容易被触动的,也最容易留下深刻印象。例如,走在大街上,在熙熙攘攘的人群中,一个人长什么样可能看不清,但穿什么颜色的衣服、穿什么颜色的裤子、背什么颜色的包包,却最容易记住。这就是颜色给人的视觉感受冲击力。再加上每个人的审美、习惯不一样,如一个人对红色特别钟爱,见到红色的东西就很容易触景生情。

因此,颜色这种元素在触动人的感官上具有非常重要的作用。回归到正题上,这节主要讲述直播间的视觉搭配,即如何通过颜色的运用来强化观众对主播建立美好的印象,看一眼就很难忘掉。

现在的直播环境大同小异,如果没有一套完整的视觉系统,形象不进行统一,观众是很难记住的。那么该如何建立一套有个性、容易被识别的视觉系统?需要从以下4个方面着手去做,即品牌、配色、背景图案和标识,如图8-13所示。

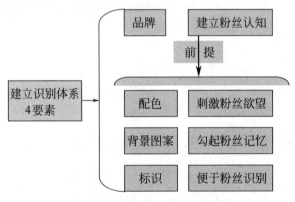

图8-13 建立识别体系4要素

直播间在粉丝心中的认知度必须先建立起来,因为建立认知是直播的一个定位问题。即要给粉丝一个什么样的第一印象、直观感受,粉丝在看到直播间时就会明确这是个什么样的直播,是舞蹈、音乐,还是街舞、脱口秀等。建立品牌认知在第7章中已经讲过。之所以重新提起,是因为接下来所做的一切都是以此为前提的。不同的直播定位,在图形、字体、配色上是有所区别的。

就像推销产品,要先在消费者心目中树立起品牌形象,然后再围绕产品去定具体的营销策略、方案和计划。因此,做直播间视觉体系构建同样如此,需要先确定整个直播环境的调性(详见7.2节),再根据调性具体地进行视觉搭配，做好给背景配色、设计图案、增加标识等细节工作。

（1）背景配色

配色的目的是刺激粉丝观看直播的欲望。良好的视觉搭配给人以心理上的美好感受，或温暖如春，或清醒自然，或磅礴大气。当然，配色并不是随心所欲的进行，通常需要按照一定的原则进行，并根据实际需求运用一些技巧和方法。

浅红色（背景）与大红色的（主播服饰）相结合；白色为主（背景）与棕白相间的竖条（主播服饰）形相结合，具体如图8-14所示。

图8-14　直播间环境颜色搭配示例

（2）设计图案

背景图案与颜色是绝配，好的图案能勾起粉丝的想象力，唤起美好记忆。如图8-15所示为具有怀旧情怀的图案，为直播间增添了几分时代性特征。

图8-15　直播间背景图案设计示例

（3）增加标识

如果需要在背景中镶嵌一些具有识别性的标志，那么这些标志要设计得有灵性，与整个直播间大环境相呼应，能够便于粉丝识别。

案例1

某品牌自行车旗舰店的一场直播，在背景中就巧妙植入了很多自己的标志，如产品标识、企业二维码，以及2周年、二维码等活动信息，如图8-16所示。这些信息都可很好地向粉丝展示自己，增强辨识度，以便让粉丝加深对企业、产品的印象和记忆。

图8-16　直播间标识植入示例

值得注意的是，这三个要素不是独立的，组合起来使用效果更好，可塑造一个独特的视觉形象，形成独特的直播风格。

8.5　直播间光线的调试

网络直播离不开光，光线是影响网络直播一个非常重要的因素。尤其是在室内，光线的强弱、角度不同，主播在镜头前的效果也不同，亮度不够或反差太大，都会导致画面失真。因此，在直播时需要借助打光来修饰整体画面，从而达到理想的网络直播效果。

根据相机、光源所在的方位，光线落在被摄体的不同部位，会产生不同的效果。基本常见的光线类型可分为两种，一种是主光，另一种是辅助光。主光根据光线的角度，又分为顺光、侧光、前侧光、逆光、侧逆光；辅助光根据光线的强度，分为硬光和柔光。

（1）主光

主光是用来描绘被摄体的外貌和形态的主要光线。主光使景物受光较大、较匀称，多用于基本照明和底色光。

① 顺光

顺光又叫面光照明，通常是指光源在被摄对象±75°方向的位置上，即是在被照射物左或右的15°位置上。这种光线基本上属于正面照明，有利于交代场景以及人物与环境的关系，不足之处是同宽光照明一样，不适合表现人物的质感，如图8-17所示。

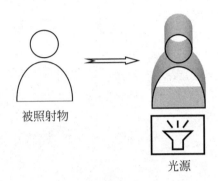

图8-17 顺光光线

② 侧光

侧光又叫窄光照明，是指光源在被摄对象侧方0°～15°的位置上，即光线投射方向与被照射物成90°左右照明，如图8-18所示。受侧光照明的物体，有明显的阴暗面和投影，会使被摄者整个画面更为立体，层次更加清晰。对于需要强调其质感的被摄对象来说，尤为适宜，使用这种光线时，要防止出现明暗各半的现象发生。

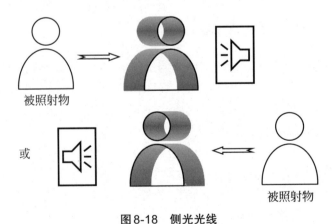

图8-18 侧光光线

③ 前侧光

前侧光又叫宽光照明，即光线在被照射物体的45°～60°角，可与被照射物形成一定的阴影，以使被摄对象被照射的面积增大，阴影部分相对增大，如图8-19所示。这种角度光线有利于掩饰被摄对象的面部轮廓方面的不足，比较容易被接受，尤其是脸形比较狭窄的主播。

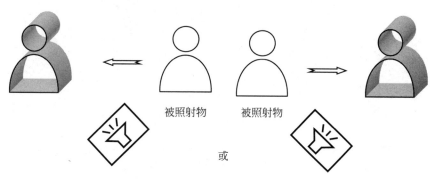

图8-19　前侧光光线

④ 逆光

来自被摄者后面的光线照明，由于从背面照明，只能照亮被摄体的轮廓，所以又称作轮廓光，如图8-20所示。拍摄中一般采用深色背景，浅色效果突出不了效果。在逆光照明条件下，被摄者大部分处在阴影之中，只有被照明的被摄者轮廓，从而将人物与背景分离，突出主题，增强立体感与空间感。

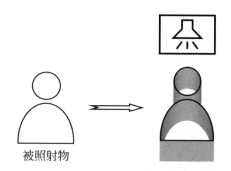

图8-20　逆光光线

⑤ 侧逆光

光线投射方向与相机拍摄方向成-45°～135°时的照明，如图8-21所示。侧逆光大部分处在阴影中，被摄体被照明的一侧往往有一条亮轮廓，能较好的表现景物的轮廓和立体感。在外景摄影中，这种照明能较好的表现大气透视效果。在拍摄过程中，必须采用辅助光来进行照明，否则阴影面将会显得沉重，适合低调拍摄。

主光的布光要注意：光线的投射方向要有依据；有利于渲染和塑造气氛、形象；实现画面中影调、色调的合理配置；同镜头构成一定的角度；突出重点场景和重点人物。

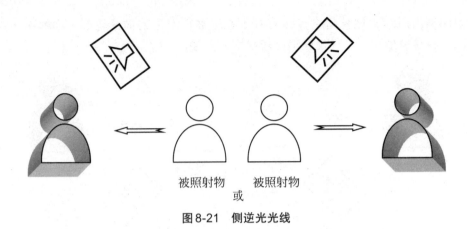

图 8-21 侧逆光光线

（2）辅助光

辅助光是给布景中的人物和景物增加立体感，可突出侧面的轮廓，表现被摄对象的外形；弥补主光在表现上的不足，平衡亮度的光线。辅助光光线的特点是柔和、细致，使暗部得到适当的照明。

① 硬光

硬光又叫直射光。在硬光的照明下，被摄体上有受光面、背光面和影子，以硬光（直射光）作为逆光来拍摄人像，会在人物的四周产生很有美感效果的轮廓光。这构成了被摄体立体形态的有效效果。

② 柔光

柔光又叫散射光，相对于硬光而言，作为辅助光用时可使颜色变亮或变暗。具体的效果则取决于混合色（光源），如果混合色比 50% 灰色亮，图像则变亮；如果混合色（光源）比 50% 灰色暗，图像则变暗。

8.6 脸部妆容的化妆技巧

在直播界有个不成文的规定：不化妆，无直播。对于主播，尤其是只需要展示上半身的主播，最吸引人、最容易被关注到的就是脸部的妆容了。因此，职业主播喜欢通过化妆来凸显自己，使直播效果更完美。

不过，化妆是把双刃剑，很多女性在日常生活中都有化妆的习惯，且风格各异，不同地区、不同年龄段的人对妆容具体的要求也不一样。但在直播中则要十分注意，不能完全按照日常生活中的妆容来做，妆容不得体就会起到反作用。

主播的妆容主要体现在脸部，有很多小细节需要特别注意，如女性的底妆、眉形、眼影等，男性的头发、眼睑等。

(1) 女性主播化妆技巧

对于女性主播来讲，要以淡妆为主，且通常只对局部、重点部位进行美化。需要对以下几个部位进行装扮。

① 脸部

为了让脸部肌肤在镜头面前更有透明感，营造出适度的光泽感，脸部需要化一层淡妆。

a. 需要上一层底妆。底妆颜色要淡，且淡中带点红润，一般使用粉色系的较好。

b. 如果脸上有粉刺、雀斑等，可再擦上淡淡的粉底液，利用遮瑕膏将其隐藏起来。

c. 要记得上一层散粉，将多余的粉底液除去，使粉底更均匀。

② 眉毛

眉毛画得好，妆就算成功一半，因为脸部的眉毛是给别人的第一印象，所以画好眉毛是很重要的。

主播的眉毛以素眉为主，两边的眉毛要求修得工整、对称，眉毛的弧度要比上眼皮的弧度略为上扬。眉头是从眼角内侧开始，一直到眼角的外侧直达太阳穴的地方。测量的方式是用眉笔从鼻孔下端至眼角外侧拉一直线，画眼影时也不要超过这条线，除非有其他特别的化妆方式。

自然的眉形于眉心处较淡且粗，而越接近眉尾则越细且浓。用眉粉将眉毛晕染开，眉头处稍稍与眼角隔开，眉尾处画得比眼尾稍长一点。

③ 睫毛

通常要使用睫毛夹，将睫毛分两段或三段夹翘，然后再涂睫毛膏。涂睫毛膏时要将毛刷放进容器底部略转一下（不可上下大幅度地抽动，以免睫毛膏变干），之后将顶端多余的睫毛膏沾回容器内，然后眼睛往下看，将睫毛刷拿水平。睫毛膏的使用方法和技巧如图8-22所示。

先横刷刷上睫毛	再竖刷刷下睫毛	重复竖刷上睫毛	再回到下睫毛，横刷
把睫毛刷的头横着，从上睫毛的根部下方插入睫毛中，横向从根部到尖部一点一点以Z字形来回蹭着涂抹。	左右两眼的上睫毛刷完后，再开始涂下睫毛。将睫毛刷竖着贴着下睫毛一点点左右振动着刷，同时，目光向上方看。	回到上睫毛，重新竖刷，目的是使睫毛变长。将睫毛的尖部一下一下地向外拉出去，用加入增长纤维的睫毛膏效果更好。	再次涂抹下睫毛，将刷头横着贴在下睫毛根部轻轻涂抹。目的是刷出线条感，因为下睫毛短，所以应将小睫毛拉长后再进行线条塑造。

图8-22 睫毛膏的使用方法和技巧

④ 眼睛

a.画眼影：在眼窝处涂上亮茶色、橘粉色或香槟色的眼影来掩盖眼睑处的阴影，然后再涂上一层稍浓的黑色眼影。

先用小号眼影刷沾取亮茶色、橘粉色眼影扫在眼尾位置，再用大号眼影刷沾取香槟色眼影扫在眼头部分，如图8-23（a）所示。用扁平眼影刷沾取香槟色眼影扫在下眼睑，用小号眼影刷沾取亮茶色、橘粉色眼影扫在下眼尾，如图8-23（b）所示。

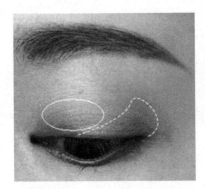 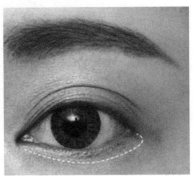

(a) 上眼影　　　　　　　　(b) 下眼影

图8-23　眼影的画法

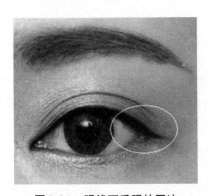

图8-24　眼线下垂眼的画法

当然也与眼影的形态有关，如果是粉状的，眼影的处理方式先用眼影刷沾少量的眼影，画在眼窝处，然后再一层一层上眼影，可做出渐层感；如果是液状或膏状的，先用手将眼影膏点在眼褶中间，然后以放射状将眼影膏推开推匀即可。

b.画眼线：一般以黑色为主，用黑色的眼线笔打造下垂眼，如图8-24所示。黑色眼珠部分稍粗、眼角处的眼线向下延伸比较好。如果想要打造温柔一点的眉目的话，可以不要下眼线，效果会更好。

⑤ 腮红

化妆中，打腮红绝对是一种技术活，腮红打得浅就会被说气色不好，但打重了就变两坨高原红。腮红究竟如何打？对于主播而言，只需掌握色彩和手法，色彩上一般选择鲜嫩的橘粉色和棕色，手法一般有以下5种。

a.腮红的W式手法：沾取适当的腮红，按图8-25以W形的方式在苹果肌上画交叉，利用手指的温度轻轻按压腮红部分，同时晕染腮红边缘，使腮红与底妆更加轻透服帖。

b.腮红的下拉式手法：沾取适当的腮红，按图8-26的手法，由颧弓下方的凹陷处作为起点，从发际线开始向面颊内侧轻扫，使整体涂抹的范围在苹果肌的下方。注意颧骨的顶端和眼睛下方这两块高光区保持整洁，打造自然的好气色，推开的范围可以更广一点。

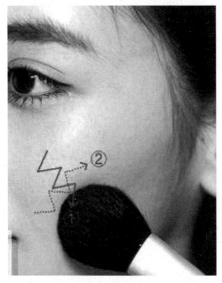

图8-25　腮红的W式手法

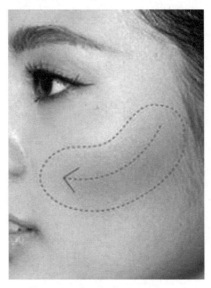

图8-26　腮红的下拉式手法

c.腮红的点拍式手法：将适当的腮红点在手背上，再用手指沾取手背上的唇釉轻拍到脸上，这样能更好地掌握唇釉的分量。以点拍的方式在颧骨稍高的地方晕染腮红，范围不要过大，在图8-27所示的虚线椭圆形范围内轻点即可。

d.腮红的上提式手法：用粉刷蘸取橘粉色，由颧骨顶点开始朝颧弓方向斜向上刷，一次只蘸少量即可，纯色的橘粉令妆容看起来整洁，如图8-28所示。这种方法适合两种颜色的组合使用，两种颜色可以按需要调和腮红和阴影部位。

e.腮红的旋转式手法：将腮红涂在苹果肌和颧骨下方鼓起的脸蛋处，将腮红刷竖着拿，轻轻由内向外反复刷，

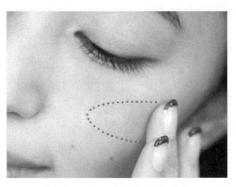

图8-27　腮红的点拍式手法

再用中号的腮红刷蘸取两圈，在微笑时打在突起的苹果肌上，之后呈圆形向四周晕染自然即可，如图8-29所示。这款橘色不挑人，会将皮肤白皙的人衬得更白，面颊很有光感。

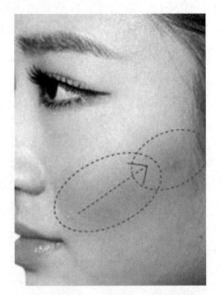
图8-28 腮红的上提式手法

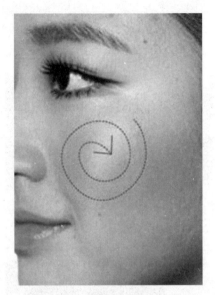
图8-29 腮红的旋转式手法

⑥唇膏

在整个唇上擦上粉红色系的口红，然后在下唇中央再擦上一点。嘴角有向下倾向的女生可以在擦口红前先用唇线笔在嘴角处添上2mm左右。

要画出完美的唇型及唇色却不是一件容易的事。在上粉底时，就必须用少量的粉底将唇线盖住，然后才能画出更清楚的唇形。选好颜色后，将唇刷沾满唇膏（沾厚些），由唇峰开始将唇刷以平贴唇部的方法把唇线画出，再将唇部涂满，或是用唇线笔，把唇线画出，最后用唇膏涂满。不过用这种方式，唇膏掉时会留下一圈不雅观的唇线。

（2）男性主播化妆技巧

女士化妆是为显示自己的娇俏艳丽，因此需要使用色彩亮丽的胭脂、唇膏、眼影等。男士化妆则大不相同，男士化妆很大程度上是为了"掩饰"粗糙的肤质、汗斑、痘痕等，使其看起来更阳刚、精神饱满。因此，男士的妆容讲求自然，与其原本的肤色匹配，而且要不着痕迹。

①上妆

首先，选择合适的粉底，通常要选与自己肤色相近或稍深的，通常以棕色系为主。另外，干性皮肤的人最好选用粉底液，油性皮肤的人就应选用中性的粉饼。

其次,选择擦粉底的手法,一般多用敲和拍的手法,而且要了解自己的脸型,脸圆的人上粉时要从脸颊往耳后扫,让脸看起来瘦一点;轮廓不分明的脸型就要在下巴位置擦颜色较深的粉底。同时要注意,上妆只要薄薄的一层就好,要自然一点,别像女士那样"浓妆艳抹"。

② 眉目

对于男生的彩妆来说,眉形最重要,也是对提升气质最有帮助的一点。"浓眉大眼"是男生的特点,所以眼部修饰是化妆的重头戏,原则是有神。如果眉形本身就很好,那就只需要刮掉杂乱的部分,或用些眉粉稍稍修饰得整齐些即可。如果想要改变形状,可以用眉笔画出恰当的眉毛形状,再将内部轻轻填满。此外,男生的眉毛大多比较浓密,画眉时多采用补的手法,让眉毛看起来均匀平整。

有时会因睡眠不足而导致眼睛疲惫,这时可以用咖啡色的眼线笔勾画一下就可起到"提神""明目"的作用。睫毛要理顺,可以适当使用睫毛膏定型。遮盖眼袋、黑眼圈也很重要,大多使用浅色干粉提亮或补平,从视觉上弱化突出的眼袋。

需要注意的是,眉毛的尾端应大致位于同侧鼻翼、外眼角的延长线上;而眉峰应大致在靠近眼尾的三分之一处左右,如图8-30所示。

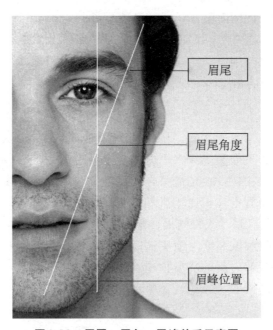

图8-30　眉尾、眉角、眉峰关系示意图

8.7 镜头角度的调整

镜头角度是指摄像机与被摄物体所形成的几何角度。从摄影学学科来看，镜头角度大致分为平摄、低角度拍摄、高角度拍摄、斜角拍摄和背面拍摄5种。不同拍摄角度，画面上被拍摄主体的轮廓、线性构架、光影结构、位置关系，甚至所表达的感情倾向是完全不同的。

以高角度拍摄为例。高角度拍摄，也叫俯角镜头。这是一种自上往下、由高向低的俯视效果，摄像机镜头高于被摄主体水平线。俯角具有交代环境位置、数量分布、远近距离的特点，画面往往严谨、实在。俯拍一般用于表达蔑视、贬义或怜悯的情感，视线发出的一方会让人觉得更强势。用这类镜头也会凸显环境，使环境看来似乎可以吞噬角色。总而言之，俯角会减少被摄物的重要性，人物形象会被淡化。

再如，倾斜角度拍摄，倾斜拍摄时水平线多是斜的，镜头内的人物看起来好像快要跌倒。这种镜头有时用于主观镜头，如喝醉酒人的视角。在心理上，倾斜镜头给人的感觉是紧张、转换及动作即将改变。倾斜镜头使水平和垂直的线条都变成斜线，但很少人使用，因其会使观众迷乱，适合用于暴力的场景，因其可精确地捕捉视觉上焦躁的感觉。

不过，对网络直播而言，镜头的角度则比较单一，以平摄为主，从直播效果上看，俯角和斜角都不太适合。因此，在大多数情况下为保证直播效果，整个直播过程一律使用平摄。在特定的情况下，也可偶尔变换一下角度，如仰角拍摄，但仰视的角度不宜过大。

（1）水平镜头

水平镜头，是指水平拍摄，因镜头与被摄对象在同一水平线上而得名。大多数时候保持在摄像头光线水平方向上，其视觉效果与日常生活中人们观察事物的正常情况相似，也是最符合人们视觉习惯的。这样镜头下被摄的对象不易变形，画面效果显得比较平和稳定，使人感到平等、客观、公正、冷静、亲切，是拍摄近景、人物的最佳镜头。

如果被拍摄的对象高度与镜头高度相当，那么摄像者的身体站直，把摄像机放在胸部到头部之间的高度拍摄；如果拍摄高于或低于这个高度的人或物，那么就应根据摄像对象适当调整高度，使摄像机与被摄者始终处于同一水平线上。

值得注意的是，在平摄时避免出现被地平线平均分割的画面，因为这样远、近景将被压缩在中间一条线上，使画面显得平淡、呆板。

（2）仰角镜头

仰角镜头也叫低角度拍摄，是摄像机低于被摄主体的水平线向上进行的拍摄。仰角拍摄由于镜头低于对象，产生从下往上、由低向高的仰视效果。仰望一个目标，观看者会觉得这个目标特别高大，如图8-31所示。

图8-31　仰角镜头拍摄

在网络直播中，偶然也会用到低角度镜头，以使地平线处于画面下端或从下端出发，并除去所有背景。通常会出现某种特定景物为背景的画面，可以净化背景，达到突出主体的效果，并产生比实际生活更强烈的感受。

无论这个目标是人还是景，用这种方法去拍摄，可以使主体地位得到强化，被摄对象显得更雄伟高大。这种技巧经常采用于想拍摄全景，或将主播的形象拍得高大一些的情况。

当用低角度拍摄人物的时候，利用台式三脚架就比较方便。如果用带有彩色取景器或液晶显示屏的摄像机进行拍摄的时候，就可将彩色取景器竖起来或者将旋转式液晶显示屏调到向上的位置，这样一来就能便于拍摄。

8.8　VR与直播

VR（Virtual Reality），即虚拟现实，是一种可以创建和体验虚拟世界的计算机仿真系统，是一种多源信息融合的交互式的三维动态视景和实体行为的系统。它利用计算机生成一种模拟环境，是一种更为前沿的体验新技术。现如今，已经广泛应用于室内设计、工业仿真、古迹复原、房地产销售、医疗教育、地质灾害防御等众多领域。同时也向视频、直播行业进军。目前，各大互联网企业、直播平台开始布局VR。

VR在网络直播行业的发展，大致经历了一个先视频、后直播的过程。VR的运用最先被运用在影视、游戏等领域，在直播领域的运用尚不是十分成熟。

案例2

百度视频于2015年12月上线VR频道，成为国内最早布局VR内容视频的平台，如图8-32所示。

图8-32　百度视频的VR频道

百度视频根据直播发展需求，适时地融入了VR技术，同时聚合目前市场上最优质的VR内容，借助其强大的技术实力，为VR发烧友和潜在用户群体、VR商家提供了丰富的视频、游戏、资讯等海量信息。为虚拟现实产业从小众发烧到大众娱乐的普及提供强力助攻，也为国内致力于虚拟现实发展的商家提供了资源。

百度视频通过大数据分析、搜索聚合、个性化推荐技术，从多个维度为不同类型的用户推荐和VR有关的直播内容，满足了不同用户的需求。比如，对于已经拥有VR设备或正打算购入VR设备的中高级用户，百度视频会重点推荐VR适配的超感官视频、超沉浸游戏以及超前沿资讯，而对于入门级和潜在受众群体，百度视频则推荐VR入门讲解、产品评测、应用指导、大神分享等内容，一步步引导他们去了解、感受VR。

例如，2015年12月6日，百度视频就在北京五棵松卓展购物中心举办了主题名为"虚拟视界，感触无限"的首次VR线下体验活动，实现了VR与普通大众的零距离接触。接下来,百度视频还将在全国10多个大中型城市的100多家购物中心、影城举办大规模VR线下体验活动,提供诸如Oculus Rift DK2、9D 360°全景虚拟现实等VR设备供到场用户免费体验,让普通大众感受VR的超现实、超感官刺激。

除此之外,百度视频还宣布将在流量、资金、大数据、技术、SEO等多个方面全力支持VR内容创作,挖掘全民VR内容创新的潜力,降低VR内容制作门槛,促进国内虚拟现实技术的发展。

就在百度视频上线VR频道后不久,2016年3月阿里巴巴也宣布成立VR实验室,进军VR领域。

案例3

阿里巴巴的VR实验室将专注打磨未来购物体验,加速实现虚拟世界的购物体验,彻底颠覆传统的"平面式、单纬度、限制性"网购模式。对于喜欢逛街的女性来说又是一大福利,以后只要坐在家里就可以去商场购物了,不用担心大包小包没法拿,也不用担心累断高跟鞋。

除了VR实验室,阿里巴巴更是从多个方面布局VR领域。内容方面,阿里巴巴宣布启动Buy+计划,发挥其平台优势,联合阿里影业、阿里音乐、优酷、土豆等商家着重进行VR内容培育和硬件孵化,推动高品质VR内容产出;软件方面,阿里巴巴依托其自身拥有的全球最大电商平台,搭建VR商业生态,为商家开发标准化VR工具,实现快速批量化3D建模;硬件方面,阿里将为国内VR硬件厂商的发展提供资金、技术等全方位支持,为消费者提供更多的购物体验,如图8-33所示。

图8-33 阿里巴巴Buy+计划宣传图

相比百度和阿里巴巴的高调，还有不少国内企业也在默默布局VR领域，有的甚至比阿里巴巴和百度更早。相信随着阿里巴巴VR战略的启动，必将带来国内虚拟现实行业的春天。

在网络直播领域，花椒直播是首家真正实现"VR+直播"模式的企业。在设备方面，花椒已经实现了VR化，支持包括Insta360、完美幻境、蚁视在内的国内多家知名厂商设备的全景直播。

案例4

2016年6月7日，花椒直播宣布花椒VR直播专区正式上线并开放体验。据了解，花椒VR直播专区的总投资将超过1亿元。花椒直播总裁吴云松表示："VR+直播天生就具有粘连性。"VR直播促使他们从围观者变成参与者，拉近了主播与网友的距离，打破了主播与用户之间相隔的手机屏幕，打破了空间与距离的界限，让主播与用户可以近距离接触。

随着直播行业也开始向VR直播转变，未来势必会成为一种趋势。很多平台已经引进了VR+技术，开启了VR模式。这一模式对主播、观众都是有利的，同时解决了主播端（拍摄端）、观众端诸多问题，如图8-34所示。

图8-34　VR+直播

VR+直播被誉为是视频直播领域的下一个风口。VR与直播的结合，首先解决了画质的清晰度问题，视频码率更加清晰，眩晕感、抖动、视频拼接质量等不再是困扰直播的问题。再加上主播与观众之间的交互性大大增强，观众观看时的体验更好。

VR的人脸识别，为网络直播带来了更多新奇有趣的玩法。当VR直播和变脸特效相结合时，用户便能利用VR技术提供的立体场景，将表情映射到VR设备上，依托更真实的3D面具，实现VR换脸的效果。相信随着技术的发展，VR将为直播行业开启新篇章。

第 9 章

主体——最容易成为网红主播的 6 大群体

网络主播是最简单,也是最难的职业。说简单,是因为对于某些人来说就是举手之劳,歌唱得好,舞跳得好,会玩游戏,会拉小提琴……,总之有一技之长即可;说难,是因为并不是适合每个人,如果盲目进入直播行业,甚至辞职转行是极度不理智的。网络直播有着较强的群体特征,通常来讲,以下 6 大群体做主播,或者说,在向主播方向转型时更有优势。

9.1 大学生：新型创业的首选平台

大学生是网络直播中一个非常特殊的存在，由于思想相对开放，个性相对突出，有头脑、想法，再加上时间也相对充裕，很多大学生摇身一变做起了网络主播。

那么，大学生利用网络直播能做什么呢？除了社交之外，另一个主要内容就是创业。当前，大学生主播创业的事已经屡见不鲜，对此很多媒体都有报道。

大学生一直是个独特的群体，且这一群体常常有个老生常谈的话题——创业。虽然都是大学生创业，但每个时代有每个时代的特点。综观各个时代的大学生创业，其都带有浓郁的时代特征。

20世纪80～90年代，下海经商成为创业洪流。受此影响，很多大学生纷纷南下，寻找创业机会。不过，当时受限于资金创业形式，大多是以摆地摊、开店为主，很多大学生赚的第一桶金就是摆地摊。这是当时创业的一种主要形式，一大批先行者捞得第一桶金，成为日后的商业精英。

进入21世纪，互联网开始快速发展起来。第一次听说网上还能开店，于是，开网店、做网店店主就成了当时最时髦的创业。当时很多网店的店主都是大学生，不用出门，坐在宿舍或教室就可以轻轻松松赚钱。当特立独行的90后成为大学生创业的主力军，有进入电商领域年赚100万元的，有通过做手机软件被腾讯6000万元收购的，也有通过做快递单广告一个月收入100万元左右的。

现在是移动互联网高度发展的时代，传统的互联网逐渐被替代，涌现出了一大批自媒体，如微博、微信、微视等，而这些也会成为那些有头脑、有智慧的大学生的赚钱工具。

案例1

一位澳大利亚的留学生，在了解到国内很多年轻人对澳洲产品特别热衷后，就利用在当地能接触大量澳洲品牌的机会，做起了代购。如化妆品、咖啡、服饰等，并将产品通过直播展示出来，如图9-1所示。

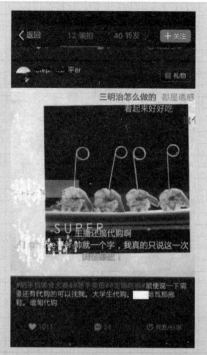

图9-1 某澳大利亚留学生直播代购商品

如今移动互联网高速发展,并正在改变人们的生产、生活、学习、工作等方方面面,而恰好遇到喜欢展示自己魅力的90后一代大学生,网络直播成了两者碰撞后最受欢迎的产物,利用网络直播不仅能成就校花、男神,还可以实现创业的梦想。

任何一项创业活动都是在特定的时代和社会环境下进行的,网络直播的出现最先在大学生群体中引发了创业潮,很多人开始通过网络直播赚钱。再加上网络直播平台操作都比较简单、上手较快,还可将碎片化时间更好地利用起来。这无疑吸引了那些有充裕闲暇时间的学生一族。学习之余,将自己的所看、所感、所闻上传至网络直播平台,既可以充分地展示自己,又可以吸引粉丝围观,带来额外收入。

9.2 都市白领:职业提升和情感升华双丰收

都市白领是网络主播中非常主要的一个群体,相当一部分人都会在工作之余做网络直播。这与该人群的生活状态有着密不可分的关系。都市白领,尤其是北上广深等一线城市的白领,大多承受着工作和生活的双重压力,如收入低、加班时间长、心理压力大等问题，已经成为多数白领内心的痛。

事实证明，一个人的收入与对生活的满意度是成正比的。表9-1为2016年智联招聘统计的一份数据。

表9-1　2016年白领收入与工作满意度指数匹配表

收入水平	幸福指数
≤2000	1.4
2001～3000	1.95
3001～5000	2.31
5001～8000	2.55
8001～10000	2.65
10001～25000	2.65
≥25001	2.82

为了提高自己的收入，很多白领就将目光转向了网络直播。利用网络直播赚外快，不但可以开辟第二职业，还不影响本职工作，一举两得。

案例2

一名80后女白领，从事金融行业，由于工作时间相对自由，每天都有些空余时间，便利用网络直播卖起了家乡的干果，有营养、味道好，还可以当零食吃。刚开始她只是依靠朋友圈、同事相互介绍，卖给周边熟悉的人，每个月也能卖出去一些。

一次偶然的机会接触到了网络直播，并开始了与粉丝的互聊，由于都是些背景与自己相似的职业白领，她了解到很多人对零食是有需求的，尤其是女性常常会在家中自备一点。于是，她在与大家互动时就通过网络直播展示了自己的干果，不少人主动要求买。

随着不断有人陆续来买，她发现零食还是可以通过直播卖的。为此，她开了家微店，并增加了一些干果，定期向粉丝直播，通过直播将粉丝引流到店中购买。结果，一段时间之后，她的店铺就被很多人熟知，每天都有很多人来购买。

网络直播不仅仅成了一部分人的第二职业，尤其是那些有一技之长的人，可以利用直播充分地展示自己，赢得一部分粉丝的认可，然后再将粉丝的价值变现，增加自己的收入，同时也成为一部分人情感宣泄、才华展示的窗口。

所以，作为职业白领在互联网时代并不一定必须依靠自己的工资，还有很多途径可以开辟第二职业，且不会影响自己的工作。

都市白领这一人群还有一个最大特征就是生活单调，缺乏一定的娱乐生活。据统计，2016年超4成的白领从不运动，超5成的白领"0阅读"，或很少读书，休假、出行旅游更是以年来算，一年有一次旅游机会的就是"高规格"待遇。

每天朝九晚五，整天过着从家到公司，再从公司到家两点一线的单调生活。虽然较为稳定，但压力过大，枯燥乏味，尤其是生活在一线大城市的高级白领，尽管有着不菲的收入，但也会被来自各方面的心理、精神层面压力所困惑，如企业提供的成长空间不足、工作环境不理想等。80后、90后年轻白领们对精神层面的需求，诸如自然光、空气清新、无噪声等，以及长期承受除工作以外的很多压力，如房子、车子，抑或感情等。久而久之，整个人都会慢慢地进入心理亚健康状态，因此这一群体，无论男女都希望有一个能充分释放自己的空间。这也是为什么那么多年轻人变成了"低头族"，再也离不开手机。网络直播无疑成了这一人群最钟爱的，不仅仅是情绪、情感表达的窗口之一，还可让工作、生活中更加充满乐趣。

如果有创意，善于表达自己，可用视频记录下来，与更多人分享。这很容易让有着同类经验的人感同身受。同时，当自己被认可后，心理上会得到很大满足，使自己的业余生活更丰富、有趣味。

案例3

2016年8月，一首网络神曲《感觉身体被掏空》火了起来，歌中唱到"我来征战北五环，我家住在回龙观，沙发是我港湾……"，如图9-2所示。这首歌击中了"蚁族"的痛点，尤其是奋斗在北上广的白领们感同身受，其中18～30岁，以及大于35岁的公司白领，对"被掏空"最有认同感，点击量明显大于其他年龄段。有人甚至留言称"直接泪奔了"。爱奇艺视频网站的大数据显示，对《感觉身体被掏空》最感兴趣的网民大部分来自北京、上海、广州、深圳等一线城市。

十多天内，这首歌在互联网上的点击量超过3亿次，点赞、评论及转发量也非常多。那么这首歌的作者是谁？显然是北京蚁族中的一员，起码对这样的生活有深刻的感受，原来这首被大家誉为神曲的歌出自29岁的作曲家、上海彩虹室内合唱团团长兼指挥金承志。金承志曾是一个北漂，在北京工作生活过3年，对北京上班一族的状态感同身受。北京作为一座伟大的城市，

图9-2　网络神曲《感觉身体被掏空》

拥有悠久的传统，同时又是创业中心之一，这里有无数的企业和白领，大家都奔波在路上。据他自己说："我对这些场景也十分有感触。"这些感触正是这首歌曲创作的灵感。

综上所述可以总结得出，都市白领类主播可以向两个方向发展，一个是利用自身的资源、渠道、人气并创自己的第二职业，赚外快；另一个是将网络直播纯粹地当作自己情绪、情感、表达的途径，通过与大家的交流和分享来寻求物质与精神层面的平衡。

9.3　年轻女性：网红主播大军中的颜值担当

长期以来年轻女性都是网络主播中一道靓丽的"风景线"，已形成了一种特殊的经济形式——她经济。所谓的她经济就是以年轻女性为介质，围绕"女性"资源所进行的财富创造和分配活动。

年轻女性是个特殊的群体，更容易引人关注，网络平台为年轻女性创业提供了更多的便利条件。即使在新媒体被广泛运用之前，年轻女性们也是企业、商家或者商业活动组织者的关注对象。年轻女性自带强吸引力，在传播过程中效果甚好，成为各界竞相争取的传播载体。到了自媒体时代，因展示的途径更加多样化，这种趋势也越加明显。人人都是传播者，人人都是受益者，年轻女性们以其靓丽的外形，开始自由地掌握自己，通过自媒体展示自己，与喜欢自己的粉丝互动、交流。

案例4

戴娜DN，人气组合UV Girls成员之一，由于良好的形象吸引了大量粉丝关注，其美拍账号长期排在热搜首位。为此，某护肤品品牌就看中了她的影响力，邀请其代言，图9-3就是她在自己的直播账号为这款护肤品所做的推介。

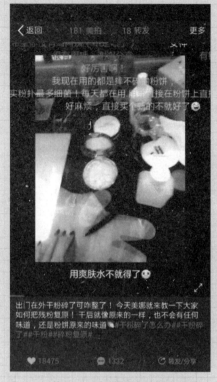

图9-3　戴娜DN为某护肤品做直播推广

当然，像戴娜DN这种高度并不是所有人都能达到的，因为有些东西起点不同，比如，才艺、学识、外貌等。当然，有一点需要重点说明一下，对于女性主播来讲外貌很重要，但并不是说一定要有姣好的外貌，更不能盲目追求外貌，因为所谓的"美"是多层面的，并不仅仅局限于外形美，更重要的是内在美、心灵美。正如歌德说过的一句话：外貌美只能取悦一时，内心美方能经久不衰。因此，她经济中的"美"，不仅要拥有漂亮的面容、傲人的身材，还必须要有一颗美好的心灵，能给粉丝带来正能量。服饰美不如外貌美，外貌美不如心灵美，内心美的人才是真正美丽的人。

这也说明，年轻女性主播最重要的是练就自己的内在美，通过内在美让更多的人发现自己的心灵。因此，作为主播既要注意自己的装扮、服饰，又要注意自己的行为、语言、神态，内外要表现一致。友好的微笑、优雅的谈吐、积极的神态等，都会给粉丝留下一个好印象。

9.4 才艺达人：秀出自己，才艺大比拼

网络直播，作为一个高度开放，且又平民化的社交方式，为各种人提供了充分展示自己的机会，才艺达人便由此而出现。现如今，不少有才艺的人通过网络直播成了网红，聚集了一大批忠诚粉丝。这类主播一般都有自己的一技之长，说、唱、谈、跳，以及在某一领域的特殊专长等。再加上有十分强烈的展示自我的欲望，机缘巧合下就很有可能成为某一领域的红人。

案例5

某舞蹈培训老师，由于其精通民族舞、古典舞、现代舞、芭蕾舞、爵士舞等各种舞蹈。在偶然接触了一次网络直播后，便迅速成为网络红人。当她头戴粉红发饰、身着民族风纱裙沉浸在舞蹈中时，不知不觉吸引了很多欣赏她舞姿的人，这些人逐渐成了她的粉丝，并在观看直播时纷纷送上自己的礼物。而后，她怀着忐忑之心辞职，做起了全职主播，全职的第一个月便入账3万多元，这连她自己都没有想到。

才艺最容易打动人，令人折服，如果你是个多才多艺之人，不妨在镜头前展示下自己，与更多的人分享，让更多的人认识你。不过，要想脱颖而出，才艺就一定要过硬、要全面，包括口才、表演力等。不要总是单纯地以"卖萌""装可爱"来吸引人，本真率性反而会收获不少忠实粉丝。

案例6

某股票分析师，其特长就是丰厚的股票知识，最初活跃在微博上，是一名知名博主。直播兴起后，他利用自己掌握的股票知识开始直播讲课，并因此吸引了不少粉丝。他的粉丝多达10余万人，每次直播都有6000余人观看，如图9-4所示。

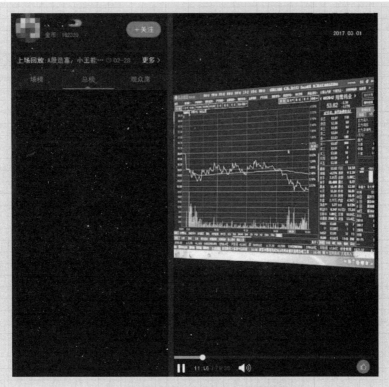

图9-4 某股票分析师网络直播讲课

总之,只有有一技之长,并努力做好,才能在直播这个大市场中占据一席之地,赢得大量粉丝的追捧,并为自己增加收入。

9.5 兴趣爱好者:用共同兴趣吸引粉丝关注

有很多网红主播能够被大众熟知,仅仅是因为自己的兴趣爱好,如喜欢美食、喜欢养宠物、喜欢旅行等。这类人做网络直播也许没有特定的目的,而是完全出于一种习惯,一种自我状态的释放,如吃了一顿大餐就要展示下美食,去某地旅游了一趟就要晒晒美景,读了一篇好文章也要分享下感受等。

总之,这类人有着积极向上、乐观的生活态度,在他们眼中生活中的点点滴滴都是美好的,更乐于与人分享这份美好。

案例7

一位网名猫人的网友，十分喜欢猫，养了多只宠物猫，并经常通过直播晒宠物猫照片、与朋友分享养猫的喜怒哀乐和感受，如图9-5所示。一些人见她的观点不错、有见地，就时不时地转发和分享。久而久之，竟吸引了不少爱猫人士，有些人还成了她的粉丝，尽管大家素不相识，却可以因为猫讨论半天。

图9-5 猫人的直播分享截图

在直播中，很多素不相识的人之所以成为朋友，就是因为有共同的兴趣爱好。因此，反过来讲，如果你对某方面特别有兴趣，也可以做主播，利用自己的兴趣吸引其他相同兴趣的爱好者，既能做自己喜欢的事情，又能赢得一帮情投意合的小伙伴。

当然，很多事情都是说时容易做时难，若想仅凭自己的兴趣就赢得粉丝的芳心也并不是那么简单，还需要主播具有一种超前的意识，能由一滴水想到大海，一米阳光领悟生命的大彻大悟。"源于兴趣而高于兴趣"，是这类主播的最大特征。

以旅行为例，人为什么要去旅行？大部分人认为可能是为了看美景、放松自己。而在有些人看来，其目的是要忘记现实、遇见另一个自己，他们与人分享的不仅有当地的人、景、风土人情，还有更多的深层思考。比如，人在旅途中需要思考什么？路上是否有疯狂奇妙相遇？这趟旅行会为自己的生活带来怎样的变化等？也只有与这样的主播有过交流后，才可以看到我们一辈子可能去不了的地方、看不到的东西。也只有与这样的主播有过交流后，才能像环游世界一样轻松愉快地欣赏到世界各地的美景，还可以获得一种心灵上的洗礼，精神上的满足，丰富内心、增长见识。

由此可见，要想做一名优秀的兴趣爱好类主播，所直播的内容一定要有深度，有自己的独特观点和见解，如果只是流于表面，将很难赢得粉丝，更无法在竞争日益激烈的网络直播领域中立足。

9.6 电商、微商从业者：利用直播直接卖产品

从直播内容上看，直播平台类型主要有三类：一是秀场类直播，这类平台占总平台数的50%以上，大多由PC秀场衍生而来；二是电竞直播，这类直播专业性较强，对主播要求较高，但其粉丝黏性却较高；三是垂直领域的直播，包括产品直播、旅游直播、游戏直播、美妆直播等，其背后绝大多数有庞大的电商企业支撑。

在网络直播如火如荼地进行之时，所有电商企业都在强势进入直播领域，如阿里巴巴、聚美优品、唯品会、蘑菇街、蜜芽等。大大小小的电商正在暗自争抢"直播"资源，目前已形成蘑菇街、淘宝和京东"三国杀"的局势。他们以"网红主播"为切入点，利用直播打动产品销售，如蘑菇街专门成立了网红经纪公司，淘宝则明确提出红人馆计划。

另外，一些微商也开始纷纷利用网络直播平台，聚拢粉丝，转化变现。微商，作为目前一种主流商业模式更容易无缝对接直播。首先是一些微商平台完成了技术改造，与网络直播接轨。例如，北京微时科技有限公司推出的微时微分销平台，是中国最大的微分销平台之一。于2016年7月初对外宣布，正式完成技术升级，实现了消费者的多平台消费，如微信、网络直播平台、微博、QQ空间、PC端浏览器等。

案例8

网络直播使微商已不再仅仅局限于微信内部，而是扩展到全网，全网营销的时代真正到来了。一个卖土鸡的商家，每周通过直播的方式教大家做一道与鸡相关的菜，如图9-6所示。通过这种方式最大限度地激活了消费者的购

买欲，也汇聚了一大批爱好厨艺的人群。同时也在合适的时机植入土鸡产品链接，设置限时特卖、开店红包等活动，大大提升了销量。

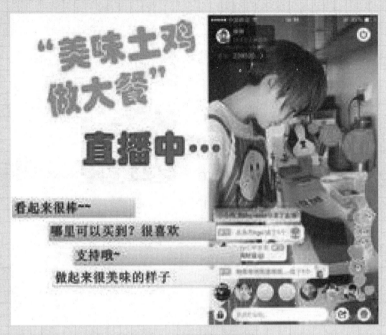

图9-6　网络直播卖土鸡

电商进入直播领域的逻辑与映客、斗鱼等平台完全不同，可以说是视为辅助售卖的工具，目的是为平台带来额外流量，提高销量和打开率。对于很多电商、微商来说，最大的问题就是流量问题，流量少、转化率低成为很多商家的首要难题。智能手机和网络直播，以及各类细分的网络直播平台是个聚拢流量的好途径，有效摆脱了以往依靠流量平台分发流量的模式，寻求新的盈利点。

此外，相比于图文售卖单一的收入模式，网络直播能带来更多的收入，甚至只要开通就能看到可观的变现模式。所以实现直播购物和直播营销是一个很大的突破，对于商家和消费者都会有更多的便利之处。

第 10 章

行业——各大行业直播营销的典型案例

综观网络直播"触角"已延伸至各行各业的大势,直播经济日后将成为新的风口已经成为共识。每个行业都涌现出一大批企业,或直接,或间接地试水网络直播联名领域,希望享受网络直播带来的红利。这对于网络直播而言,无疑是一大利好,可以利用直播经济的有利大势深入地发展自己,找到实现自身价值的新方式。

10.1 传统视频：优化功能，积极转型

网络直播的出现对所有行业的影响都非常大，首当其冲的就是它的"近亲"——传统视频。传统视频企业，如腾讯视频、土豆视频、搜狐视频、新浪视频、爱奇艺视频等都在积极转型，开拓网络直播业务。

从形式上看，网络视频可以分为录播和直播两大类。传统视频属于录播，即先录制好视频，再进行后期剪辑，最后通过播放器播放出来；而花椒直播、YY、虎牙等这些后起之秀属于直播，直播就是真人在线，直接播放。在网络视频发展的历程中，录播一度是最主要的形式，在很长一段时间内占据着网络视频的绝大部分市场份额。正是在这种背景下，才产生了爱奇艺视频、土豆视频、搜狐视频、新浪视频、酷六等这些围绕视频业务而起家的企业。

自从网络直播诞生之后，录播视频模式就开始受到冲击。网络直播吸取和延续了互联网的优势，利用视讯的方式进行现场直播。这类直播较前者的最大区别就在于直播的自主性，即独立可控的音视频采集，一改录播单一的收看模式。至此，一些以传统视频为主要业务的企业也纷纷寻求创新和突破，与网络直播接轨，开辟网络直播业务。

案例1

率先转型做直播的传统视频网站是酷六网，早在2006年就已开辟直播频道——六间房。酷六网是国内最大的视频分享网站，也是中国最大的视频媒体平台，长期以来，一直在为用户提供最新鲜、最有趣的视频内容。自成立以来，酷六网始终不断创新，推出差异化的视频内容，赢得众多用户的青睐与推崇，如图10-1所示为酷六网中视频直播原创截图。

酷六网作为一个传统的视频平台，在网络直播时代已经不再适应大多数用户的需求，急需改变。因为大量网络直播平台的出现，已经改变了视频行业的格局。对于当前的用户而言，他们需要的是一款简单好玩、简洁开放、上传快、可交流、可社交的平台，如果单一地做传统视频必将失去这部分用户。

酷六网的转变方向是，建立直播房间（也有付费的流量，可自由选择）为各大主播提供一个网络直播平台，其特色是以K歌、聊天、秀场等泛娱乐为主。如图10-2所示为一女主播正在为粉丝唱歌。

第 10 章 行业——各大行业直播营销的典型案例

图 10-1 酷六网中视频直播原创截图

图 10-2 酷六网直播频道正在进行某直播

案例 2

腾讯视频一直活跃在中国在线视频市场的最前沿,鉴于网络直播、网红直播的火热,依托成熟的技术和海量的用户开通了 QQ 直播。QQ 直播可同时在移动端和 PC 端使用,主播利用 QQ 账号可直接开通,如图 10-3、图 10-4 所示,分别为 QQ 直播移动端和 PC 端的入口。

图 10-3　移动端 QQ 直播

图 10-4　PC 端 QQ 直播

其他传统视频企业，如酷六、乐视也先后推出了网络直播业务，且在功能上各有差异、有所侧重，尽量迎合网络直播市场的多样化需求。总之，从未来的发展形势来看，传统视频类企业接轨网络直播是一种大趋势，任何事物都是在不断发展变化的，再不改革就会被淘汰。

传统视频企业的改革和创新，对于想做主播，或依靠直播进行创业的创业者来讲，提供了良好的平台。这个平台会从硬件、资金以及更专业的技术指导上提供更多的帮助，帮助主播进入一个相对成熟的流量渠道，将内容传播到更广的领域。

传统视频企业做直播的意义有如下两点。

（1）优化信息传播、分享渠道

传统视频企业转型做网络直播，最大的优势在于有良好的基础，无论是内容生产还是粉丝的积累，都相对成熟。转做网络直播以后，传统视频企业可以充分利用已经积累的优势，为信息优化、传播、分享奠定坚实的基础。

仍以QQ为例。从内容层面讲，QQ视频在内容方面已经有相当大的优势，去做版权内容、自制内容等来拉动PGC和UGC。据相关负责人介绍，QQ直播规划的网红、美食、亲子、明星、泛娱乐、旅游等内容板块，也与QQ视频内容是一脉相承的。

再一个是容易保持粉丝黏性，大多数传统视频企业已经做出了自己的特色。例如，优酷视频，其以丰富的内容、极致的观看体验、便捷的登录方式、24小时多平台无缝应用体验以及快捷分享的产品特性，满足了用户在线观看视频的需求。利用这样的平台做网络直播，必然会承袭一部分粉丝流量。例如，美妆达人Pony，她在优酷上基本都有自己的内容和粉丝群。优酷视频在旅游方面有自制的栏目"韩流带你去旅游"，还带动了这个节目的衍生产品，实现了自制内容+网红和淘宝店铺共赢的局面。所以优酷从内容层面来讲，已经涵盖了吃、喝、住、行、玩、娱乐等业态。

（2）放大广告效应，实现流量转化

网络直播是一个非常好的流量孵化器，堪称"流量神器"。例如，现在非常流行的直播购物，正是充分利用了直播引流能力强的特点，通过直播用户喜爱的内容，吸引用户关注，然后再将用户引流到店铺或消费平台上，从而达到出售商品的目的。

可见，传统视频企业在向直播平台转型时，可以围绕两个基本点来打造：一是将其打造成一个优质的互动平台，通过与粉丝的互动实现间接引流；二是以直接销售产品，将产品或服务植入到直播内容中，引导消费者边看直播边消费。

10.2 电商行业：多渠道引流，获取大量粉丝

在粉丝经济时代，高质量的粉丝是其生存和发展的生命线。如果没有粉丝，没有流量，销售的产品再好，提供的服务再完美，没有人看到，也就意味着失去了市场。

粉丝对于电商企业而言，同样十分重要。长期以来，各大电商企业都在纷纷布局各种渠道吸引粉丝。相互之间打价格战也好，创新促销方式也好，目的都是鼓励消费者积极参与、多消费。在电商领域，暂时销量差，或没有销量并不可怕，重要的是要把粉丝的量做起来，粉丝基础打好了，流量有了，终有一天会转化成高销量。

以前，微博、微信、QQ等都是主要的引流渠道，现如今网络直播也成为各大电商抢夺粉丝的热门工具，代表性企业如淘宝、京东、唯品会、天猫等。网络直播比以往其他吸粉方式更有优势，做好了网络直播这个渠道，将会得到更多潜在用户。

案例3

"我们不做第一，谁敢做第一"，这是上海韩束化妆品有限公司（以下简称韩束）的经营宗旨。与国内众多化妆品牌不同的是，韩束是依靠网络、自媒体被大家熟知的，完全依靠互联网在运作，走的是电商运营的一整套管理机制。从吸引粉丝到产品销售，韩束基本都是依靠自媒体，如公众号、朋友圈，以及微博、视频等，其经营模式是代理商制。

韩束从2014年9月做微商以来，在微商渠道"40天销售了一个亿"，这一销售数据让韩束成为2013年年度的微商霸主。从此，韩束也有了"第一微商"的称号。

在网络直播时代，韩束也迅速布局直播业务，开辟直播市场，依靠直播来吸引粉丝，从而销售产品。2016年双十一，韩束把直播间搭到了台湾，请到了曾为韩束品牌做代言的艺人林志玲，与消费者在线互动，现场亲授韩束美丽秘籍。这场直播得到了众多粉丝的关注，评论数高达2.4万条，点赞量630万次。

第10章 行业——各大行业直播营销的典型案例

案例4

聚美优品在电商领域是个特殊的存在，不断创造出一个个令业界震惊的营销创举。直播营销兴起之后，聚美优品再次有所动作，利用直播打造"颜值经济"，邀请明星参与，并与粉丝进行红包互动。

2016年6月16日，美妆产品——菲诗小铺限量版气垫BB霜刚上线时，就请来魏晨直播。直播除猜歌送礼、送红包的互动游戏之外，还有一些护肤秘诀。结果，直播刚五分钟粉丝数量就突破了200万人，短短几分钟后则猛升至500万人。随之，这款产品也很快被抢购一空。

传统的传播手法已经成为现代消费者，尤其是年轻一代的90后、00后的鸿沟，新媒体渠道的覆盖从触媒习惯及话题传播入手，吸引大多数人的眼球，为电商企业的品牌传播带来全新的营销思路。

电商做直播的意义有如下3点。

（1）玩转跨平台，实现客户共享

随着互联网战火烧向视频领域，一些大的互联网公司，如阿里巴巴集团旗下网络营销平台阿里妈妈开始携淘宝和天猫商家提前布局视频营销。这是跨平台营销的开始，打破了以往传统模式单一、孤立的平台运作模式。

如早在2014年阿里妈妈就意识到了这点，于5月13日启动了"V动全城"——15秒直播大赛，百万奖金"悬赏"拥有视频营销创意的商家和服务商。根据规则，商家只要在报名官网上上传15秒直播作品，准确传递品牌价值或宝贝信息，就有机会赢得最高15万元的全场大奖。同时，阿里妈妈还悬赏最具创意的视频服务团队，优秀服务商（TP）成为其"视频合伙人"。

阿里妈妈视频营销平台现已接入优酷、土豆、爱奇艺、PPS、腾讯视频、酷六网等多家主流视频网站，通过TANX平台对视频流量实时竞价。

（2）开创多样化的营销方式

网络直播作为新兴的社交方式已引发新一轮媒介革命，迅速成为新媒体营销的新阵地。许多品牌商家也在重构营销策略，"无直播不营销"成为了时下最新的品牌营销口号。

"明星+品牌+直播"是很多电商采用的一种新的营销方式，以直播为传播介质，以明星为互动内容，打破了当前的电商产品形态，实现了从文字、图片到视频的升级。通过一个个直播小视频，变现的手段越来越多，有直接推荐，有现场使用，甚至有演微情景剧的，相比千篇一律的文字、图片，直播给卖家打开了一扇个性化卖货窗口。

很多电商虽然触网较早,但大多对其运用仅仅局限于产品展示、买卖方的简单交流等。利用网络去圈粉、进行创意促销还非常有限,尤其是移动互联网的广泛运用,对这些电商的传统互联网思维造成了很大的冲击。所以,对于电商而言,尽管占有电子商务的优势,但是若想持续保持竞争优势,必须适应新的市场要求,利用好,并做好直播营销。

(3)不断满足用户消费新需求

2017年"妇女节"期间,一直播发起为期5天的"红人直播淘"活动,定向邀请3家MCN机构,联合170余位红人主播,试水"内容型"电商直播。活动打破传统导购型电商直播的藩篱,巧妙设置诸如"仿妆梦露挑战赛""三生三世桃花淘之唇釉大比拼"等多个电商直播主题,内容涉及彩妆、香水、洗护、服装搭配等多个方面,以不同于纯导购式的优质内容型直播为用户提供全新的直播购物体验。

活动最终累积开播1379场,累积观看量突破2.4亿次,累计销售额达898万元,"直播+内容+电商"的新模式,受到用户、红人、品牌的多方认可和推崇。

此次活动中,一直播会对参与其中的网络红人进行资源和流量上的倾斜。一直播与新浪微博深度联合,主播可以将直播信息同步至微博,免去重新构建粉丝社交网络环节,达到最大限度的流量覆盖。同时,一直播平台搭载"直播加购电商功能"为内容电商直播助力。在直播的过程中,用户可以直接点击屏幕上的商品列表购买,不会打断直播,让客户不会在跳转中放弃购买,大大提升了转化率。一直播开启内容电商3.0+时代,推动直播主播与内容的双进化。

电商行业从传统1.0时代PC电商,到以聚美、美丽说等为代表的2.0时代分享型电商,再到如今直播电商3.0时代。一直播积极试水3.0+内容型电商直播,旨在顺应不断提升的用户消费需求,通过直播构建新的消费场景,使内容到消费的路径更加顺畅,创造了新的流量入口,通过直播形式的强交互和直播内容的强沟通刺激冲动消费,实现最大程度的变现。

10.3 产品型行业:做好内容创意,亮出产品特色

产品型企业通常是指以产品的生产、制造和销售等为主的企业,大多属于传统企业范畴。目前,网络直播营销在这个领域的发展尚处于初级阶段。

不过，在网络直播运营的浪潮下，这一行业中越来越多的企业加速了转型。

网络直播的火热使传统企业感觉到，企业最大的危机不再是当下能赚多少钱，而是未来长远发展是否更有清晰的把握和预判。万达、新东方、海尔等一大批知名企业目前正在悄悄向移动互联网、自媒体运营转型。

据相关数据显示，2013年中国智能端用户已超过PC端用户，越来越多的企业将目光聚焦在微信上，面对微信势如破竹的发展趋势，传统企业转型势在必行。网络直播作为移动互联网运营的再次体现，必然会冲击传统企业。面对"不转型等死，转型怕转死"的尴尬境地，传统企业是时候该做决定了。

随着一切产业都将互联网化，未来或许只有一种产业那就是互联网产业，只有一种传播媒介那就是自媒体。而移动互联网、自媒体所起的作用就是将传统企业与现代市场、新型消费者连接在一起。因此，产品型企业要紧跟时代潮流、敢于创新，进驻网络直播平台，利用好网络直播这个营销利器。

案例5

小米为了向粉丝展示某产品的特点、优势，通过一个个超有创意的网络直播来展现。例如，为了展示新品的"薄"，形象地将小米手机与生活中的一种食物小米结合在一起，并巧妙地植入到话题中："用户买了小米手机就连饭钱都省了，饿了拍点小米出来就行了"。

这条网络直播完全靠创意深深地打动了粉丝，经过上百万粉丝的推广，被疯狂转载、点赞。

下面这条网络直播也非常有创意，目的是推销新品——小米Max，创新网络直播新玩法引得千万观众围观。这是一场针对二次元用户的网络直播营销。

以"小米Max超长持久的续航能力"为主题，24小时不间断直播。直播间不断邀请到专业人士、二次元达人讲解互动，如图10-5所示。直播共有超过1800万人围观，送出将近700台小米Max手机，每天吸引200多万UV参与，在日常流量较高的时段，同时在线人数通常都在10万+，即使在凌晨一两点，在线观看人数仍保持在10000多人。

小米的网络直播营销，完全以小米产品为载体，通过精心设计制作，为粉丝呈现更多的精彩内容，勾起了用户极大的好奇心，增强了粉丝对产品的了解。这种营销方式更容易打动用户，给用户留下深刻的印象。

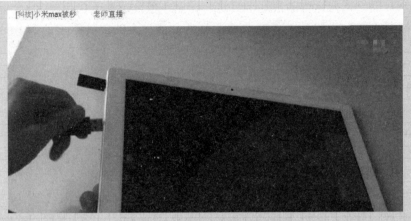

图10-5 小米Max直播间互动

案例6

惠氏启赋是一款奶粉品牌,为了更好的提升这款奶粉的影响力,商家于2016年5月28日借助娱乐明星吴尊开通了淘宝直播。吴尊曾因携女儿参加《爸爸回来了》积累了超高的人气,因自己的帅气,女儿的超萌而被粉丝亲切地称为潮爸萌娃。这位超帅奶爸也登上了淘宝直播。

吴尊直播的1小时,观看总人数达74233人,点赞量高达28万次,卖出120万份奶粉。直播期间单品转化率创下惊人的36%记录,是日常转化率的七倍之多。在长达1小时的直播中,吴尊让观众观摩自己拍片现场和分享育儿心得。

那么,产品型企业利用直播可以做什么?主要包括以下两个方面。

(1)做促销

从营销传播的前期准备到后续活动,每个阶段都可能会影响到整体的效果,想要将网络直播营销效果最大化,不仅需要选择与品牌最大关联的网络直播明星网红和精准的网络直播平台,还要制订出完整的传播矩阵。

比如,在传播前期进行充分的预热活动,利用网红明星、KOL以及品牌的大号来发声造势,为网络直播吸引更多的关注度;或是在网络直播之后,进行良好的新闻报道与跟踪,利用二次传播提高品牌的美誉度;而品牌主在整个营销传播的规划中,还需选择优秀的第三方营销平台,通过覆盖90%以上的优质网红直播资源,利用智能核心技术体系,提供一套可视化、数据化的一站式网络直播营销解决方案来提高总体传播效果。这样才构成完整、严谨的品牌直播营销方案,才能在网络直播营销红利的全面开启和释放时期,快速地获取更多优质的营销资源。

(2)寻找跟产品调性相匹配的网红进行网络直播、视频

网络直播营销成为社会化营销领域在当下乃至未来很长一段时间内的强劲风口。在这几个电商直播的案例中,可以看到背后的转化数据是让大家都惊讶的。在每个案例的背后,都是一场精心策划过的内容直播,除了借助明星来推荐产品,更多的是提供产品+场景化的内容以及趣味性极强的互动玩法,在短短的直播时间里创造的产品体验远远超过受众的期望值,从而促成了观众的感性消费行为,带来了极高的转化率。

同时,信息渐渐视频化的时代,短视频(流动性)和直播(即时性)效果相对于其他的传播手段,已经高出了一个维度。

用户之所以关注一个直播账号,不仅是因为所直播的内容好看,主要原因还在于可以享受更多的实际实惠。例如,关注超市直播账号购物有折扣,关注商场直播账号可以抽奖兑礼品……所以,产品型企业在利用直播推送时要侧重于这类内容,目的就是为消费者送福利。

对于促销类的信息,可以用图片或者视频进行推送,当然也可以用文字类详尽地向用户介绍产品信息。多种形式结合更能够让用户产生购买欲,同时也利于传播,满足不同用户的阅读方式和习惯。

10.4 快消品行业:搞创意营销,树立品牌形象

快消行业,即快速消费品行业,在所有行业中由于该行业消费周期短、频率快、消费群体大,与人们的日常生活贴近,从而拥有最庞大的市场。因此,快消品行业也成为与市场结合最紧密、最敏感的行业之一,市场风向稍有风吹草动就会立马显现出来,被称为市场变化的晴雨表。

快消行业以前的主要营销投放方向是电视这样的传统媒体,但是随着网络快速发展,网民数量暴增,快消品企业的营销方向逐渐转向互联网媒体。再随着网络直播时代的到来,最先受益的也莫过于快消品行业。从当前参与网络直播营销企业的规模和数量来看,快消品企业仍占大多数,如可口可乐、联合利华、宝洁等国内外著名快消品企业,都开始将营销重点转向互联网。

案例7

华润饮料2012年开始计划在视频网站上投放广告,如图10-6所示为华润饮料在优酷网上的宣传片。预计投放量要占到总投放量的20%左右,2013年这一比例上升到30%。之所以有这样的变化,主要原因之一就是华润公司调研发现,其消费群体基本以90后一代年轻人为主,这一人群大多热衷于微信、直播、秒拍等新媒体,对这类媒体形式接受度也较高。

据当时的华润饮料市场总监李凯说,"我们的目标消费人群是80后、90后,通过艾瑞、尼尔森等第三方调研我们发现,他们每天玩手机的时间要远远大于坐在电视机前的时间。即便是与朋友、家人交流,也是通过手机终端或iPad。他们每天到办公室差不多9点,先忙一忙工作的事,10点之后上网看网络视频的时间就多起来了。下午临下班之前,3点到4点也有这种现象。"

图10-6 华润饮料在优酷网上的宣传片

李凯,拥有十几年饮料行业的从业经验,曾先后在百事可乐、伊利、农夫山泉等企业做市场营销工作。他发现,视频用户的激增,促使食品饮料企业必须加大视频营销的力度。

在广告方面,华润怡宝选用影视演员高圆圆作为午后奶茶的新品牌代言人,并于2012年11月播出高圆圆主演的微电影《闺蜜》,向消费者传达出"一口淡雅,一刻从容"的品牌定位,如图10-7所示。

图10-7 华润怡宝广告宣传片

投放非传统媒体微电影后,品牌知名度快速上升,华润饮料也取得了不错的口碑和销量。但由于投资过大,李凯还是决定转战视频网站,后来又先后与爱奇艺、优酷进行合作,取得了第一个广告的位置,并在重点城市投放,一周之后数据就开始疯长。

与爱奇艺等视频网站的合作让李凯感到很满意,并且此次合作还融合了社交媒体营销方式。"包括我们合作伙伴的媒体资源都可以充分利用,进行资源置换,一方面提高了他们的知名度和流量,另一方面他们帮我们提高了品牌曝光率,使微电影上线后在短期内形成话题性效应。"

案例8

爱奇艺基于搜索而创造的"蒲公英模式"也是一种十分新颖的视频营销模式。该模式从网民的收视习惯出发,基于百度数据深挖用户需求,以功能化精短视频为核心,为广告主提供精准植入和跨屏传播的机会。

"蒲公英计划"是爱奇艺的独创模式。它的内涵在于,以视频为核心,打通搜索、SNS、无线,甚至是出版、影视剧等领域,将分散资源聚拢,将要传达的信息成倍数扩散。爱奇艺数据研究院院长葛承志说:"就像蒲公英撒播种子一样,落地生根后,再次生发出一个新的网状系统。"

这个充满想象力的比喻,生动地印证了爱奇艺在视频营销上的独特创新力。"这种模式的独特性在于，它和搜索紧密结合"。

例如，教人怎么做菜，用户在搜菜谱的时候，能看到一个短视频教程肯定比简单的图文感受要好得多。通过搜索工具搜索已成为大众的习惯，TOP200菜谱的日均搜索量超过40万次，TOP50菜谱的日均搜索量超过20万次，但利用搜索工具也有其缺点，即搜索结果全部是以图文的形式呈现，要么是大段文字叙述，要么就是步骤过于简略，这样显然不够实用，也不够直观。比如，文字上表达"需要放3克盐，那么3克盐究竟是多少"，很多人可能没这个概念，而通过视频则可以更直观地看出来。

爱奇艺正是看到了这点，制作的一档美食烹饪类节目《美食美课》将做菜的过程从搜索工具移位于网络短视频中，通过直播直观地与大众分享，从而建立自己的营销模式。

随着PC电脑向智能手机、平板电脑等移动终端的转移，爱奇艺推出了移动版，如iPad、手机终端的爱奇艺APP。推出后，其移动端下载量超过1.2亿，移动端的视频播放量占到总播放量的30%。

短视频的快速发展给传统广告业带来了新的机会，贴片广告和内容植入等都是可以直接平移到网络直播中，这就使得广告在移动终端营销的机会更大，更容易得到用户认可。那么，具体该如何做呢？可从以下两个方面入手。

（1）创意营销，差异化营销

在产品同质一体化的趋势下，只有实现营销差异化才会吸引更多的客户。视频内容的丰富性给用户带来了新的体验，淡化了商业色彩，实现了软性营销。

网络直播存在的基础就是求新、求异的创意，只有具备了这个特征，才能持续地吸引更多的客户。很多企业之所以看中直播渠道，也正是这个原因，希望通过网络直播搞一些创意营销。目前，视频营销模式主要有贴片广告、创新的视频广告（如暂停、悬浮等）、视频短片定制或植入（病毒视频及微电影）、品牌专区及主题活动等。

（2）提升品牌影响力

营销的最高境界就是卖家不需要介绍自家产品，也不用王婆卖瓜式的自夸产品有多好，用户就会疯狂地爱上它，这就是品牌的力量。对于快消品企业来讲，借助网络直播，主要目的不是为了直接卖东西，而是树立品牌形象，利用网络直播对粉丝的巨大黏性吸引更多的用户，让他们对品牌有良好的印象。

当然，视频完全可使产品和品牌更加生动、形象，因为不仅集传统视频的传播优势于一体,还有数字挖掘、精准定向、平台转换的优势。通过这些优势,企业可以根据自身需求进行定向传播,以求达到更精准的传播,并且可以根据后台系统,清晰地看到广告投放分析,以不断调整和优化方案。

10.5 服务型行业:提高服务质量,增强粉丝黏性

服务业的范围非常广,包括金融、医疗、教育、餐饮、旅游等多个领域。随着人们生活质量的提高,消费意识的增强,服务业已成为一个重要的行业。在服务形式上,越来越多的服务型企业也在创新和突破。

在互联网时代的影响下,服务业也逐步互联网化,与自媒体的融合越来越深,以实现从线下向线上引流和转移,如金融服务、餐饮服务、旅游服务等。其中,代表性企业有金融服务类企业如广东华兴银行、武汉银行,旅游性服务企业如去哪儿网、途牛旅游等。

网络直播火起来之后,很多服务型企业开始与网络直播结合,如开通直播、美拍、秒拍等直播账号,通过网络直播向消费者展示服务信息,优化服务渠道,提高服务质量;消费者也可以通过企业直播官方账号与企业互动,为完善服务中的不足和弥补缺陷提供自己的意见和建议。

一些旅游型企业,如去哪儿网、途牛旅游网等开始率先布局网络直播营销。

案例9

2016年7月21日至23日,途牛旅游网在美拍上,联合林志颖发起了一个#林志颖与粉丝嗨玩欧洲#的活动。在三天的活动中,连续发布了3条直播,每条都由林志颖亲自与大家互动,吸引了众多粉丝的关注,观众多达3.6万人,每条的播放量都在3.2万次左右,直接互动聊天达到3000余次。

尽管旅游业中的大多数企业还未加入到网络直播运营上,但是最先尝试的企业已经从中得到了利益,那就是获得了大量粉丝,通过视频粉丝的黏性更强。

美容是一个与时代息息相关的行业,它总能跟上时代的流行脚步。在营销方面,无论是国际大牌还是国内的代理商,都需要有一些激进的新潮派敢于尝试不同的、新鲜的营销方法。

那么网络直播带给美容行业哪些价值,又如何运用网络直播来产生盈利?我们来看下每日美容资讯。

案例10

美妆护肤通过网络直播,每天向粉丝提供美白、护肤、保养等一些女人生活中遇到的美容困扰和解决方法,得到粉丝的极大认可,如图10-8所示。

网络直播在美容企业与消费者之间搭建了一个很好的交流平台,企业给用户提供丰富的知识、良好的产品体验,而用户通过体验、购买,从而更忠诚于产品和企业。

图10-8 美妆护肤通过直播向粉丝提供知识

直播逐步成为连接企业与消费者之间的一座桥梁,解决了买卖两者之间的信息不对称问题。通过直播,消费者可以更方便地获得生活、吃、喝、玩、乐等方面的信息,以及更好地生活服务。

那么,服务性的企业通过直播具体可以做什么呢?主要体现在3个方面:第一,品牌推广平台,服务展示的平台;第二,买卖双方的沟通平台,与粉丝的互动平台;第三,对应移动电商销售引流平台。通过以上分析,站在企业的角度,也应该更加明确如何来做,即一定要围绕"提高质量服务,用户利益至上"这个中心。具体内容有如下3点。

(1) 为客户提供专业服务

对于服务行业来说,最主要的是为自己的客户提供高质量的服务。对于金融服务行业来说,直播内容就应该是以推送专业的理财信息为主,才更加能体现自身的价值。在用户自身学习的同时,也会更加相信服务机构,愿意把钱交给这些机构打理,因为平时推送的专业信息让用户相信他们是专业的,可以说是自身实力的展现。

以银行业为例，银行属于服务行业，要知道对于银行这样的企业从来不缺用户，发布一条直播信息估计就会有上百万的用户回应。所以，对于银行业来说，做直播营销最重要的便是提升服务，利用直播的特性，为用户提供更多、更便利的服务。

（2）注重提高用户体验

众所周知，服务行业更注重用户体验。用户的体验，也就是所谓的人性化。例如，有的酒店不仅宣传舒适感，还赋予了一种人生理念，优化客房舒适度，重视公共空间的社交性和文化氛围，强化健康餐饮概念，推出"住酒店不仅是一晚舒适住宿，更是一种舒心体验和美好的回忆"。

即使一个很小的细节也要充分考虑用户的心理适应性，抓住用户的心理需求。正是直播人性化的展示，给了用户良好的体验。所以，对于服务型企业来讲，在运营中需要利用直播这种新媒体来强化客户体验。

（3）维护老客户，避免客户的流失

服务行业最重要的是维护老顾客，直播内容只有随时保持更新才会被老客户持续关注。同时，客户关系也需要及时维护，如果不维护、不互动，即使用户有很多，那这些用户也可能会再度流失掉。因此，对于服务行业来说，最重要的就是把服务做好，让每位用户都能够得到实惠。

以服务为主的企业已经意识到了转型的必要性，平台化、场景化，走线上、线下融合之路必定是未来发展的大方向。而转型的入口，就是与直播等互联网化的产物接轨。现在很多服务性企业，如餐饮、旅游等都已经意识到这个问题，纷纷推出自己的直播账号，抢占直播资源，业务从企业形象的宣传、服务的推介到业务预定、支付消费及售后服务，几乎囊括了所有的经营流程。

10.6 销售类行业：打造场景式销售，强化用户体验

自媒体时代，一个企业如果在营销上仍使用传统的营销方式就落伍了。随着媒体形式的变化，很多趣味性、参与性更好的营销方式运用得越来越普遍，微博营销、微信营销，包括网络直播营销，这些营销方式无不丰富了营销模式，成为传统营销模式的主要补充，而且在某些行业已经完全跃居主导地位。

案例11

在2013年的广州车展上，凯迪拉克联合FM1052羊城交通台发起了"8秒爱上凯迪拉克ATS""车展辉煌耀羊城"的互动活动；用网络直播360度动态展示产品，吸引了众多车迷的参与。

当时微视频提倡8秒直播，即通过短短的8秒去展示所拍摄的内容，并可随时分享至微博、QQ、朋友圈，引导用户参与，形成口碑传播。例如，"直播8秒找好车 找美女"赢奖品活动，观众只要使用互动展厅的ipad自拍直播，留下车展感言、趣味表情或创意心情，或发布直播展示眼中的好车、美女，并添加"8秒找好车"或"8秒找美女"就可以入围，获得QQ公仔。如图10-9所示为"指尖上的美女"直播视频截图。

图10-9 "指尖上的美女"直播视频截图

如果同步分享至微信朋友圈为自己拉"赞"票，还有机会赢取神秘大礼。其中，在"5分钟你能拍几个车模"的互动环节，冠军8秒分段拍摄5分钟内拍到了24名车模。

8秒直播已经吸引了无数车迷，他们纷纷拍摄视频发表感言：8秒分段拍摄自编自导，分享到微信好友、朋友圈、腾讯微博和QQ空间，还可以获得朋友的赞、转发、评论，而且大小跟图片一样，不浪费流量……

"直播确实挺好玩的，娱乐了观众，也可以捧红车模，还能宣传我们自己，而且直播轮播的效果更好"，汽车厂商也对网络直播的效果给予了肯定。

案例12

2016年8月31日晚上9点,韩后首席创意官王祖蓝开始在天猫直播,两小时的直播创造了价值500万元的销量,其中一款爆款面膜1小时内销量就突破1.2万元。

作为韩后"919爱购节"的序幕,新上任的韩后首席创意官王祖蓝"烧"出了第一把火。从微博发出预告开始,王祖蓝究竟会如何在2个小时的网络直播中,推广好韩后4大系列共7个单品,又会取得什么样的销售成绩,引发了无数猜测。

直播一开始,王祖蓝就直接"扬长避短",展现其一贯的"幽默",推销了两款产品。并分析了产品的使用效果。接下来,又即兴演绎了一段"傅爷"(傅园慧)的卖货场景——"化妆速度不到59秒,多亏了韩后水光裸妆素颜霜"。整场直播两个小时,类似的场景非常多,无论是谈星座还是谈跑男兄弟团,甚至一人分饰两角,都能最终转化成"推销"力。

对直播卖货有更多研究的专业人士却不这么认为。新浪微博电商&时尚事业部总监余双认为,这是消费升级带来的新趋势,是消费者个性化需求的释放。传统的零售环境中,消费者核心诉求是购物,但在直播过程中的销售,实际上消费者是消费明星本身及明星背后的生活方式。王祖蓝看似插科打诨不着边际,但实际上是当今泛娱乐化社会下,一种生活方式的展现。再加上明星本身拥有的粉丝基数,自然"说学逗唱"皆能卖货。

那么,销售类企业主要用直播做什么?主要包括以下4个方面。

(1)建立一个与产品相关的场景

互联网时代,简单粗暴的卖货思维是狭隘的,它只针对某些品类有效。如果想引爆一个品牌,在做推广时就需要构建一个和品类、品牌相关的场景。

直播的本质是基于场景之中,让用户与现场进行实时连接,并且受众与受众之间、主播与受众之间都可以进行实时的交流,通过网红和直播工具作为消费行为的闭环引导,这已经成为今年以来最明晰也是最好的互动模式。比如,做美妆的,可以通过做直播组织一场与粉丝的见面会;卖红酒的,可以通过做直播组织一个美食、品酒会;卖乐器的,可以通过做直播组织一场音乐会;卖球鞋的,可以组织一场球赛;卖衣服的,可以组织一场T台秀;卖单车的,可以组织一次骑行郊游活动等。当所要宣传的商品匹配一个场景后,商品的价值会得到更大彰显。同时,这也给消费者一种代入感,会让他们想象买了红酒也会参加那样的品酒会，买了乐器也能去音乐厅迎接掌声，买了那双球鞋也能拥有穿那双鞋子的人的篮球技巧，自己穿上模特的衣服也会受到瞩目，自己会有美好的骑行经历，会拍出优秀的照片。

（2）更便捷地发布新品

传统上，消费者想要了解新车信息需要到企业官网，或通过一些内部资料，即使如此，也只能了解到一些基本信息，如车型、外观，以及内饰图片等。而在动态呈现方面远远不够，从而导致无法在用户头脑中留有深刻印象。而网络直播可给商品提供一个动态、立体化的展示平台，将每一款产品细节通过视频全方位展示，让用户仿佛身临其境地感受。

（3）强化客户体验

直播带给用户的是前所未有的一种感受。现实中有些东西不能真实拥有，但通过直播就可以别样的方式去感受。2013年12月，重庆晨报联手直播报道了中国汽车飘移锦标赛重庆站赛事。车内车外，多角度的直播，让不在现场的车迷第一次近距离地感受到了汽车飘移带来的刺激。

网络直播把产品的性能、独特卖点，以真实的场景展现给用户欣赏，这比任何图片和文字都更能让用户清晰、深刻地了解这些爱车。

（4）更有力地推广品牌影响力

网络直播营销的优势，表现在建立并拉近企业与用户的关系，深度植入与深度互动，更有利于传递企业的深层理念。在新媒体营销上，销售类企业曾经在微博、微信上都做了不少尝试，如微博上奔驰Smarf的营销，微信上探路者凯迪拉克的66号公路营销等。直播时代的到来，让曾经的微信尝鲜者又开始进军直播领域。

在媒介碎片化、分众化趋势越来越明显的时代，传统营销模式遭遇了前所未有的挑战，直播媒体的出现和成长，促进了营销方式、商业思维的变革，为销售类企业带来了巨大的发展空间。

10.7　网站类行业：实现线上线下的客户引流

当互联网、移动互联网席卷而来，线上、线下资源充分互通，用户的购买和支付习惯都在慢慢发生改变。这为直播"进军"网站类企业提供了机会，现在，有很多网站，尤其是以提供团购、婚介、旅游、招聘等服务为主的消费类网站就正在直播领域展开角逐。例如，美团网，这个号称有着"吃喝玩乐全都有"的网站主要通过移动端的APP抢占着移动终端市场，基于品牌影响力，用户也习惯直接在其APP上进行购物。除此之外，具有代表性的还有一些专业性比较强的中小网站。

案例13

互联网的崛起，让婚恋行业中的高端市场集中转移到线上，并得到用户的普遍认同。相比线下红娘牵线，线上婚恋交友提供更多机会的平台式产品，往往能收到更为立竿见影的效果。据有缘网调研数据显示，在线下红娘没有找到对象的用户中，有20%的用户在有缘网上成功交友，近80%以上的用户选择了继续通过线上深入了解。

在这样的需求促使下，在客户之间构建网络直播的方式就显得更加有必要，因为只有网络直播才能更真实地展示彼此，才有利于双方更充分地认识彼此。图10-10为世纪佳缘直播网站截图。

图10-10 世纪佳缘直播网站截图

案例14

图10-11所示是睿妈团购网通过网络直播进行的营销推广。通过直播向用户推荐比较有吸引力的团购产品，利用文字清晰地描述产品信息，把团购链接植入文字描述中，用户看到后如果喜欢就可以直接点击购买。

图10-11 团购链接植入文字描述

互联网、移动互联网的快速发展,正在颠覆很多传统产业,改变着市场竞争的格局。利用互联网思维创新应引起各行业的重视。通过新媒体、自媒体等新型媒体丰富营销内容,实现营销价值的长足发展,已经是很多网站类企业最主要的形式。

网络直播对网站类企业的促进作用主要体现在以下两点。

(1)提升营销价值、服务价值

网络直播的多平台分享属性,可以使网站中的产品在整个社交体系内快速传播,提高网站的服务质量,为平台吸引更多的用户。

例如,网络直播给婚介网带来的营销价值和服务价值表现在两个方面。一是对应品牌推广平台和粉丝互动平台(营销价值),二是对应沟通服务平台和会员交友推荐平台(服务价值)。

网络直播给团购网站带来的价值也体现在这两个方面,服务价值包括对应沟通服务平台和团购产品展示平台;营销价值包括对应品牌推广平台和粉丝互动平台,对应移动电商销售引流平台等。

(2)更畅通地进行知识传播与扩散

网络直播又会是企业的一个知识大讲堂。例如,通过网络直播,可以给粉丝传授驾驶技巧,可以传播在各种户外道路场景中驾驶时应该注意的事项,可以传播汽车的保养知识,可以传播汽车的维修常识等。

真人讲解+实时表现+场景体验,这些优势让用户对传播的内容更容易接受、印象更深刻。好东西需要好的渠道来传播,网络直播的易接受性特征将会让网站内容影响力更大,网站信息向更广的范围传播。